Bauforschung

PC-II-932

Meinungsumfrage unter Wohneigentümern:
Wohnwünsche und barrierearmer Wohnkomfort

T 3259

Fraunhofer IRB Verlag

T 3259

Dieser Forschungsbericht wurde mit modernsten Hochleistungskopierern auf Einzelanfrage hergestellt.

Die in dieser Forschungsarbeit enthaltenen Darstellungen und Empfehlungen geben die fachlichen Auffassungen der Verfasser wieder. Diese werden hier unverändert wiedergegeben, sie geben nicht unbedingt die Meinung des Zuwendungsgebers oder des Herausgebers wieder.

Die Originalmanuskripte wurden reprotechnisch, jedoch nicht inhaltlich überarbeitet. Die Druckqualität hängt von der reprotechnischen Eignung des Originalmanuskriptes ab, das uns vom Autor bzw. von der Forschungsstelle zur Verfügung gestellt wurde.

© by Fraunhofer IRB Verlag

2011

ISBN 978-3-8167-8493-7

Vervielfältigung, auch auszugsweise,
nur mit ausdrücklicher Zustimmung des Verlages.

Fraunhofer IRB Verlag
Fraunhofer-Informationszentrum Raum und Bau

Postfach 80 04 69
70504 Stuttgart

Nobelstraße 12
70569 Stuttgart

Telefon (07 11) 9 70 - 25 00
Telefax (07 11) 9 70 - 25 08

E-Mail irb@irb.fraunhofer.de

www.baufachinformation.de

Institut für Bauforschung e. V.

Meinungsumfrage unter Wohneigentümern

„Wohnwünsche und barrierearmer Wohnkomfort"

Gemeinschaftsprojekt vom Bauherren-Schutzbund e.V., dem Verband Wohneigentum e.V. und dem Institut für Bauforschung e.V.

Abschlussbericht

IFB – 19502 / 2010

Institut für Bauforschung e. V.

Meinungsumfrage unter Wohneigentümern

„Wohnwünsche und barrierearmer Wohnkomfort"

Gemeinschaftsprojekt vom Bauherren-Schutzbund e. V., dem Verband Wohneigentum e. V. und dem Institut für Bauforschung e. V.

Auftraggeber:	**Bauherren-Schutzbund e. V. (BSB)**
	Kleine Alexanderstr. 9/10
	10178 Berlin
Bearbeitung:	**Institut für Bauforschung e. V.**
	An der Markuskirche 1, 30163 Hannover
	Dipl.-Ing. Heike Böhmer, GF Direktorin
	Dipl.-Ing. Janet Simon, wiss. Mitarbeiterin
Abschlussbericht :	23.02.2010
	IFB – 19502

Inhalt

1	Aufgabenstellung und Ziele der gemeinsamen Untersuchung	4
2	Grundlage und Durchführung der gemeinsamen Untersuchung	6
3	Auswertung	7
	3.1 Allgemeine Angaben zum Gebäude	7
	3.2 Die Bewohner	16
	3.3 Wahrnehmung / Relevanz des Themas Barrierefreiheit	21
	3.4 Anpassung / Maßnahmen am Gebäude	23
	3.5 Kosten	28
	3.6 Wohnwünsche	31
	3.7 Information	35
4	Zusammenfassung der Ergebnisse	37

1 Aufgabenstellung und Ziele der gemeinsamen Untersuchung

In den Diskussionen um Stadt- und Siedlungsentwicklung sowie die Veränderung von Wohnbedürfnissen ist – neben den Prognosen bezüglich eines signifikanten Bevölkerungsrückgangs – der Begriff „demografischer Wandel" als Dreh- und Angelpunkt zukunftsfähiger und nachhaltiger Entwicklung in den Vordergrund gerückt.

Prognosen für das zukünftige Wohnen verweisen schwerpunktmäßig auf den Bevölkerungsanteil der „zweiten Lebenshälfte", d. h. auf die über 50-Jährigen. Laut einer *empirica*-Studie aus dem Jahr 2005 sind in Deutschland schon heute rund 31 Millionen Menschen 50 Jahre und älter, das entspricht 38% der Gesamtbevölkerung, Tendenz steigend. Eine weitere Tendenz zukünftigen Wohnens zeigt, dass Familien seltener in klassischen Vier- bis Fünf-Personen-Haushalten leben. Flexible Lebensformen als Ein- bis Zwei-Personen-Haushalte aus Alleinerziehenden und Singles sowie so genannte Patchwork-Konstellationen nehmen zu.

Untersuchungen der Wohnungswirtschaft zeigen, dass der Wohnungsbedarf der Mieter in Deutschland weg von den „klassischen Familienwohnungen" der vierköpfigen sogenannten Kernfamilie hin zu Ein- bis Zwei-Personen-Haushalten, aber auch zu Wohngemeinschaften und Familien, die mit mehreren Generationen in Mehrfamilienhäusern miteinander leben möchten, tendiert. Im Bereich der großen Mietwohnungsanlagen wird versucht, mit neuen Wohnkonzepten auch im Gebäudebestand auf die sich hieraus ergebenden sehr unterschiedlichen Erfordernisse zu reagieren.

Schwieriger ist es, die Veränderungen im Segment der selbstnutzenden Wohneigentümer zu erfassen, da die Initiativen individuell und ohne öffentliche oder sonst kollektive Maßnahmen von statten gehen. Bei einer Wohneigentumsquote von ca. 43% und einem – da vor allem Familien mit Kindern betroffen sind – Bevölkerungsanteil von ca. 52%, der im Eigentum lebt, ist dieser Bereich bei den hier anstehenden Fragen aber unbedingt einzubeziehen:
Inwieweit findet ein „Bedarfswandel" bei den Wohneigentümern statt? Haben sich die Anforderungen an Wohnformen, Wohnungsgrößen und die Ausstattung von Wohngebäuden auch beim selbstgenutzten Wohneigentum verändert? Wird und wurde bereits auf veränderte Anforderungen reagiert? Wo liegen die besonderen Interessen der Eigentümer von selbstgenutztem Eigentum?

Vor dem Hintergrund dieser beispielhaften Fragestellungen haben sich der Bauherren-Schutzbund e. V., der Verband Wohneigentum e. V. mit der Familienheim und Garten Verlagsgesellschaft

mbH und das Institut für Bauforschung e. V. entschlossen, eine repräsentative Umfrage unter Wohneigentümern zum Themenkomplex Wohnwünsche und barrierearmer Wohnkomfort durchzuführen. Das Institut für Bauforschung e. V. wurde im Juni 2009 mit der Erarbeitung eines Fragenkatalogs sowie der Auswertung der Befragung beauftragt. Die Veröffentlichung und Datensammlung wurden vom Verband Wohneigentum e. V., über dessen Verbandszeitschrift Familienheim und Garten, realisiert. Betrachtet wird die Situation im Bestand, woraus sich hauptsächlich Antworten auf den Anpassungsbedarf ergeben, aber als „Nebenprodukt" auch Anregungen für künftigen Neubau.

Ergebnis der Gemeinschaftsuntersuchung soll eine umfassende Darstellung der spezifischen Situation und des Meinungsbildes der Wohneigentümer zu den Themen barrierearmer bzw. barrierefreier Wohnkomfort und Wohnwünsche von Eigentümern sein. Dabei sollen insbesondere die Motive, die Interessenlage, das Engagement, der Informations- und Beratungsbedarf, aber auch Konfliktsituationen und mögliche Lösungen in Form von gewünschter Information, Hilfe und Unterstützung untersucht werden. Hieraus sollen Schwerpunkte für die weitere Tätigkeit der Vereine abgeleitet werden.

2 Grundlage und Durchführung der gemeinsamen Untersuchung

Die Umfrage wurde im Rahmen einer Veröffentlichung in der Verbandszeitschrift Familienheim und Garten des Verbands Wohneigentum e. V. sowie zeitgleich im Internet durchgeführt und erfolgte im Zeitraum von Oktober bis November 2009. Struktur und Konzept der Umfrage basieren auf den Erfahrungen des Verbands Wohneigentum e. V., des Bauherren-Schutzbund e. V. und des Instituts für Bauforschung e. V.

Durch eine Beteiligung von bundesweit insgesamt 1040 Wohneigentümern stand eine repräsentative Datenbasis für die Auswertung der Meinungsumfrage zur Verfügung.

Schwerpunkt der Auswertung waren die empirische bzw. statistische Analyse der Daten, die Dokumentation in Form grafischer Darstellungen sowie deren Bewertung. Insbesondere wurden die Aspekte zum Engagement und zur Motivation der Wohneigentümer bezüglich einer Planung und Umsetzung von Maßnahmen an Gebäuden, der Informationsstand der Wohneigentümer sowie deren Kosten und Finanzierung zur barrierenreduzierten Ausstattung bei der Gebäudemodernisierung analysiert und dargestellt.

3 Auswertung

3.1 Allgemeine Angaben zum Gebäude

3.1.1 Baualtersklasse

Die Fragestellung bezieht sich auf das Alter des Gebäudes bzw. der Wohnung, um Rückschlüsse auf vorhandene Standards und mögliche Ausstattungen ziehen zu können, wobei zwischenzeitliche Modernisierungen und Anpassungen zu berücksichtigen sind.

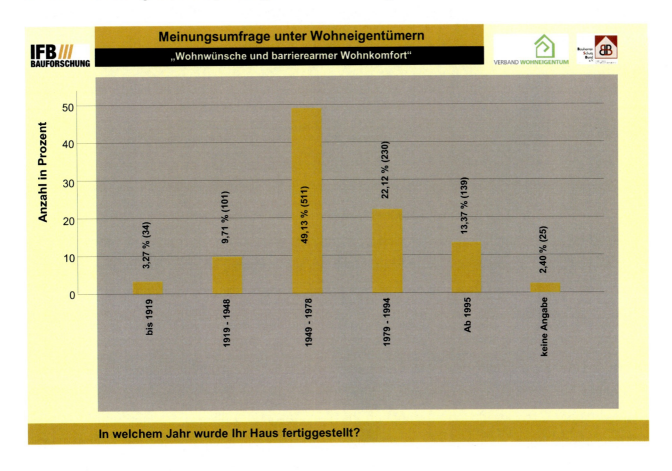

Die Differenzierung der Gebäude erfolgte auf der Grundlage des Zeitpunkts der Gebäudefertigstellung und zur grafischen Darstellung entsprechend den Baualtersklassen der Energieeinsparverordnung. Die Auswertung ergab, dass etwa die Hälfte (ca. 49%) der bewerteten Gebäude der Baualtersklasse 1949 bis 1978 angehört. Erfahrungen aus der Forschungs- und Praxistätigkeit des IFB zeigen, dass an diesen Gebäuden seit Erstellung selten über erforderliche Instandsetzungen und die Verbesserung des energetischen Standards hinaus modernisiert wurde. Gebäude dieser Baualtersklasse besitzen insofern häufig noch immer den Komfort der damaligen Zeit: geringe Bewegungsflächen, steile und schmale Treppen, kleine Bäder usw. Jedoch verändern sich die Ansprüche im Verlauf der Nutzung durch z. B. veränderte Lebensumstände der Bewohner: Über gewisse energetische Standards hinaus wird insbesondere von jüngeren Bewohnern ein veränderter Wohnkomfort gewünscht. Ältere Menschen benötigen hingegen häufig die bedarfsgerechte Wohnungsanpassung und -optimierung bis hin zur Barrierefreiheit ihrer Wohnung, um auch im Alter, wenn auch mit einigen Einschränkungen, in den eigenen vier Wänden verbleiben zu können.

Etwa ein Viertel der Befragten (etwa 22%) bewohnt laut Umfrage ein Gebäude der Baualtersklasse 1979 bis 1994. Gebäude dieser Altersklasse haben gegenüber früher errichteten Gebäuden meist einen verbesserten baulichen Standard und einen höheren Wohnkomfort. Erfahrungen aus der praktischen Arbeit des IFB zeigen jedoch, dass auch diese Gebäude i.d.R. heutigen Standards und heutiger Normung nicht mehr genügen. Oft wurde bei der Errichtung von Gebäuden dieser Baualtersklasse nicht langfristig und an die Veränderung der Wohnansprüche gedacht. Erfahrungsgemäß war Barrierefreiheit von Wohnungen bei der Errichtung dieser Gebäude nur in wenigen Ausnahmen oder für Betroffene relevant. Aber auch die barrierereduzierte Bauweise ist hier noch selten zu finden.

Der Anteil der Gebäude der Baualtersklasse ab 1995 liegt in der aktuellen Umfrage bei etwa 13%. Diese Gebäude haben in der Regel einen zeitgemäßen baulichen Standard und Komfort, der den Ansprüchen der Bewohner zumeist entspricht. Viele dieser Gebäude sind bereits barrierearm, also ausgestattet z. B. ohne Türschwellen, mit bodengleichen Duschen, ausreichend Bewegungsflächen usw.. Nachrüstmöglichkeiten sind zum Teil bereits vorgesehen, die Wohnungen / Häuser sind flexibler und lassen sich im Bedarfsfall mit überschaubarem Aufwand an den Bedarf der Bewohner anpassen.

Die Auswertung zur Frage nach der Baualtersklasse des Wohneigentums der Befragten zeigt, dass mehr als die Hälfte der Gebäude vor 1978 erbaut wurde. Erfahrungsgemäß ist bei einem Großteil dieser Gebäude davon auszugehen, dass insbesondere ältere Personen und Menschen mit Einschränkungen aufgrund der Ausstattung bzw. des mangelnden Komforts der Wohnung oder des Gebäudes oft nicht so selbstbestimmt leben können, wie es mit heute möglichen Anpassungsmaßnahmen möglich wäre. Hierin liegt ein großes Potenzial.

3.1.2 Gebäudeart

Welche Art von Wohneigentum besitzen die Befragten? Die Fragestellung erfolgt vor dem Hintergrund der baulichen Voraussetzungen und der Situation des Wohnumfeldes.

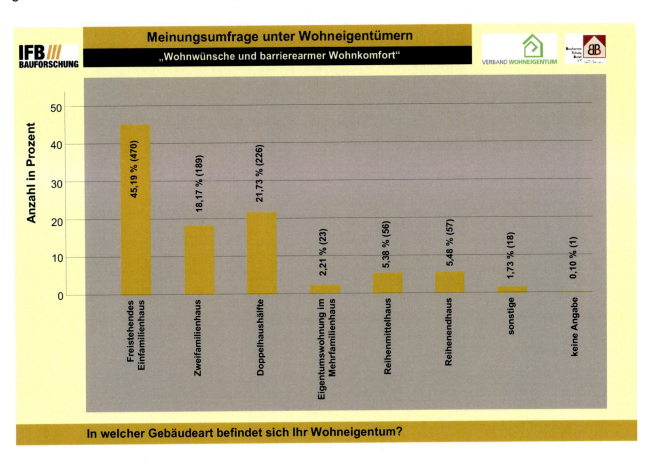

Die Auswertung zur Frage nach der bewohnten Gebäudeart ergab, dass etwa 45% der befragten Eigentümer in einem freistehenden Einfamilienhaus wohnen, was nicht ganz der Hälfte der Befragten entspricht. Ca. 22%, also etwa ein Viertel der Befragten, bewohnen eine Doppelhaushälfte und annähernd jeder fünfte Befragte (ca. 18%) wohnt in einem Zweifamilienhaus. Der Anteil von Reihenhäusern als selbstgenutzter Wohnraum ist mit ca. 5% im Verhältnis gering. Lediglich unter 2% der Befragten leben in Wohneigentum in einem Mehrfamilienhaus.

Die Auswertung einer im Jahr 2008 durchgeführten Umfrage unter Wohneigentümern zum Thema „Energiesparen – Energieberatung – energetische Gebäudemodernisierung" ergab bei der Frage nach der bewohnten Gebäudeart, dass ca. 43% der Befragten Wohneigentum in Form eines freistehenden Einfamilienhauses besitzen und bewohnen. Der Prozentsatz der aktuellen Umfrage liegt mit rund 45% sogar um ca. 2% über dem Ergebnis der Studie aus 2008. Demnach bewohnen und nutzen fast die Hälfte der befragten Eigentümer ein freistehendes Einfamilienhaus.
Die Umfrage aus 2008 ergab, dass rund 23% (22,7%) der Befragten eine Doppelhaushälfte be-

wohnen. Dieser Wert liegt ca. einen Prozentpunkt über dem Wert der aktuellen Umfrage (rund 22%). Der Anteil der Zweifamilienhäuser lag in 2008 bei 18,6% und ist ebenfalls mit dem aktuellen Wert (18,2%) vergleichbar.

Sowohl die Umfrage aus 2008, als auch die aktuelle Umfrage unter Wohneigentümern ergaben, dass übereinstimmend rund 85% der Befragten Eigentümer und Bewohner von freistehenden Einfamilienhäusern, Doppelhaushälften und Zweifamilienhäusern sind. Diese drei Gebäudearten bilden den größten Anteil an Wohneigentum unter den Befragten. Die Kenntnis über diese Zielgruppe und deren Wohneigentum, deren Wohnfläche pro Person gegenüber Mietwohnraum als überdurchschnittlich bewertet werden kann, bietet Möglichkeiten zur gezielteren Beratung dieser Eigentümer.

3.1.3 Wohnfläche

Welche durchschnittliche Wohnfläche bewohnen die Befragten? Die Fragestellung dient dem Vergleich mit den üblichen durchschnittlichen Wohnflächen in Deutschland.

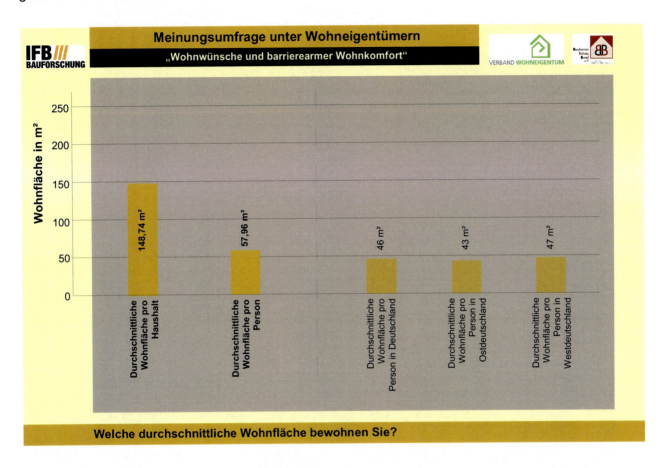

Die Auswertung zu dieser Frage hat gezeigt, dass die befragten Wohneigentümer eine durchschnittliche Wohnfläche je Haushalt von etwa 149 m² bewohnen, dabei leben durchschnittlich etwa 2,6 Personen in jedem befragten Haushalt. Jedem Bewohner der befragten Haushalte stehen demnach im Schnitt rund 58 m² zur Verfügung. Laut einer Statistik des Berliner Forschungsinstituts *empirica* stehen den Menschen in Deutschland durchschnittlich weniger Quadratmeter zur Verfügung als den aktuell befragten Wohneigentümern. In Ostdeutschland beträgt die durchschnittliche Wohnfläche pro Person derzeit rund 43 m², in Westdeutschland rund 47 m², in Deutschland rund 46 m². Den Personen in den befragten Haushalten stehen somit durchschnittlich über 10 m² mehr zur Verfügung. Zur barrierearmen Ausstattung bzw. Anpassung der Wohnräume sind zumeist zusätzliche Flächen erforderlich, da für die notwendigen Bewegungsflächen, insbesondere in Küche und Bad, gesorgt werden muss. Die Tatsache, dass den befragten Wohneigentümern mehr Wohnfläche zur Verfügung steht, erleichtert bei Bedarf die barrierearme Umgestaltung bzw. den barrierearmen Umbau. Auch DIN-gerechte Barrierefreiheit wäre hier leichter zu realisieren.

3.1.4 Wohnstruktur und -etagen

Die Fragestellung nach der Wohnstruktur, speziell nach der Anzahl der Wohnebenen, die die Befragten bewohnen, ermöglicht Aussagen zu den baulichen Voraussetzungen für mögliche Anpassungen und Veränderungen.

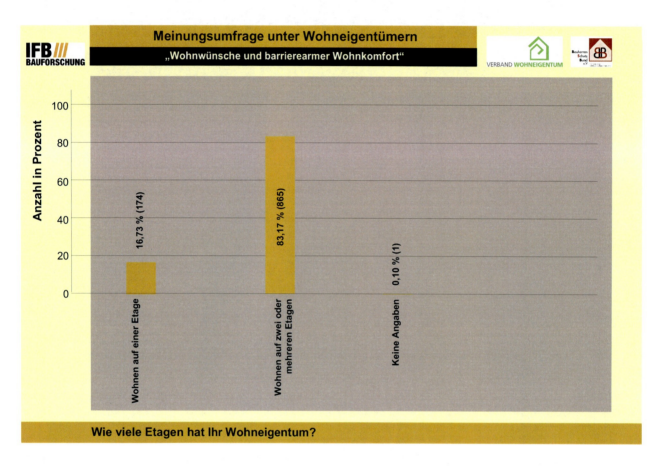

Die Frage nach der Anzahl der bewohnten Etagen ergab, dass die überwiegende Anzahl, mehr als 8 von 10 Befragten (ca. 83%), auf 2 oder mehr Etagen wohnt. Um für diese Menschen bei Bedarf die Wohnung barrierearm zu gestalten, müssen zuerst Möglichkeiten gefunden werden, die Etagen zu überwinden. Dies kann z. B. mit Hilfe eines Aufzugs oder mit einem Treppenlift geschehen; diese Lösungen sind jedoch i.d.R. technisch aufwändig und kostenintensiv.

Nur rund 17% der Befragten (weniger als jeder Fünfte) wohnen auf einer Wohnebene. In diesem Fall ist eine barrierereduzierte Anpassung der Wohnung meist mit weniger Aufwand und Kosten verbunden. Barrieren, die sich über mehrere Etagen erstrecken, gibt es nicht. Die Anpassungen sind auf eine Etage begrenzt, so können zur Verbesserung der Nutzung z. B. Räume getauscht werden, Möbel und Teppiche entfernt oder ausreichend Bewegungsflächen in den vorhandenen Räumen geschaffen werden.

3.1.5 Lage der Hauptwohnräume

Auf welcher der Wohnebenen befinden sich die Hauptwohnräume der Befragten? Die Fragestellung nach der Wohnstruktur ermöglicht Aussagen zu den baulichen Voraussetzungen für mögliche Anpassungen und Veränderungen sowie zu deren baulichen und kostentechnischen Aufwand.

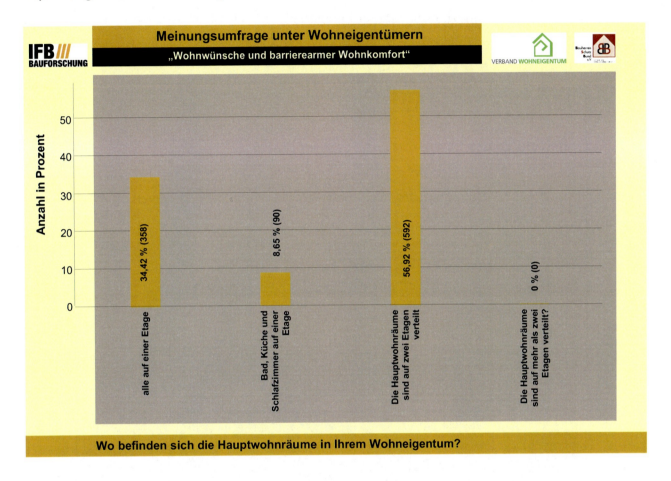

Die Auswertung der Frage nach der Lage der Hauptwohnräume zeigte, dass fast 2/3 (ca. 57%) der Befragten Hauptwohnräume auf 2 Ebenen bewohnen. Auch an dieser Stelle ist es wichtig zu erwähnen, dass insbesondere dann, wenn sich die Hauptwohnräume auf mehrere Etage verteilen, eine Umgestaltung zum Erreichen der Barrierereduzierung mit erheblichen Kosten und technischem Aufwand verbunden ist. In dem Fall müssen die Etagen barrierearm miteinander verbunden werden, was oft nur durch Einbau eines Aufzugs oder Treppenlifts möglich ist.

Etwa 1/3 der Befragten (ca. 34%) hat alle Hauptwohnräume auf einer Etage, dies erleichtert die Anpassung der Wohnung im Bedarfsfall.

Ca. 9% der Befragten besitzen Bad, Küche und Schlafzimmer auf einer Etage, den Hauptaufenthaltsraum, also das Wohnzimmer, auf einer anderen Etage. Bei Notwendigwerden einer barrierearmen Wohnung ist zu überlegen, wie und mit welchem Aufwand die Erreichbarkeit gewährleistet werden kann bzw. ob ein Zimmertausch die bessere Lösung sein kann.

Erstreckt sich eine Wohnung über mehrere Etagen, ist im Einzelfall zu überlegen, wie eine Barriereüberwindung stattfinden kann, welche technischen Möglichkeiten es hierfür gibt und welchen Aufwand und Kosten dies für die Anpassung bedeutet. Im Einzelfall ist zu prüfen, inwieweit und durch welche Institutionen Maßnahmen zum Erreichen von Barrierereduzierung gefördert werden können.

3.1.6 Bewohnen des Eigentums

Seit wann bewohnen die Befragten ihre Wohnung bzw. ihr Haus, d. h. inwieweit identifizieren sie sich mit ihrem Eigentum?

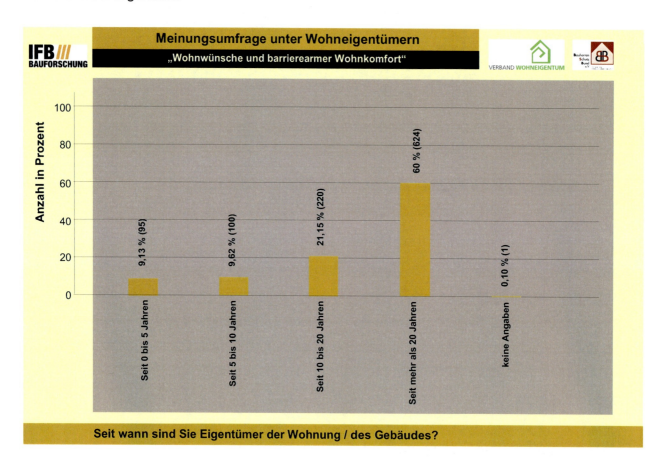

Die Auswertung der aktuellen Befragung ergab, dass rund 2/3 der Befragten ihr Wohneigentum bereits seit mehr als 20 Jahren bewohnen. Etwa ein Viertel (ca. 21%) wohnt seit mehr als 10 Jahren in diesem Eigentum. Ein Vergleich mit der Studie aus 2008 mit einer Datengrundlage von rund 1.270 Befragten zeigt, dass auch in der Studie der Anteil der Befragten, die seit mehr als 20 Jahren Wohnungs- bzw. Hauseigentümer sind, mit 58% bei mehr als der Hälfte liegt (Vergleich zur aktuellen Studie mit rund 60%). Fast 1/4 der im Jahr 2008 Befragten bewohnt ihr Wohneigentum seit 10 bis 20 Jahren.

Die Zahl der Wohneigentümer, die seit mehr als 10 Jahren ihr Wohneigentum besitzen und bewohnen, liegt in der Studie aus 2008 und in der aktuellen Studie bei über 80%. Bei diesem relativ großen Anteil der Befragten ist von einem überdurchschnittlichen Grad der Identifikation mit dem Wohneigentum auszugehen. Das Ergebnis lässt zudem Rückschlüsse auf die Altersstruktur zu. Diese deckt sich tendenziell mit den Ergebnissen der IEMB-Untersuchung aus 2006, bei der festgestellt wurde, dass bei den Wohneigentümern rund 47% der Altersgruppe über 60 Jahre angehören. Über 50 Jahre sind über 70% der Befragten. Erfahrungen zeigen, dass Gebäude, die schon seit mehreren Jahrzehnten im Besitz von mittlerweile älteren Bewohnern sind, einen gewissen Sanierungsstau aufweisen. Der Gebäudestandard entspricht oft deren Baualtersklassen. Anpassungen der Gebäude erfolgen oft erst dann, wenn sie notwendig sind bzw. wenn das Haus verkauft oder an die Nachfahren übergeben wird.

Nur etwa jeder 9. Befragte lebt laut aktueller Studie erst seit unter 5 bzw. unter 10 Jahren in seinem Eigentum. Oft handelt es sich hierbei um Neubaugebäude. Wird ein Bestandsgebäude neu erworben, ist nicht selten davon auszugehen, dass es zeitnah modernisiert und auf die individuellen Anforderungen angepasst wird. Dementsprechend positiv ist der Zustand, die Ausstattung und der Wohnkomfort dieser Gebäude zu bewerten.

3.2 Die Bewohner

3.2.1 Personenanzahl

Wie viele Personen bewohnen das Eigentum der Befragten? Die Fragestellung dient dem Vergleich mit der durchschnittlichen Personenanzahl je Haushalt in Deutschland.

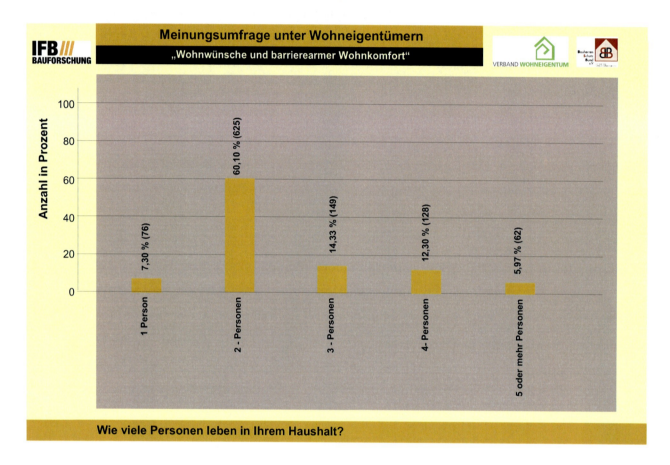

Die Befragung zur Personenzahl in den einzelnen Haushalten ergab, dass etwa 2/3 (60,10%) der Befragten ihr Wohneigentum mit 2 Personen bewohnen. Jedes 14. Eigentum (7,31%) wird allein bewohnt. Etwa 1/3 (32,6%) der Befragten leben mit 3 oder mehr Personen in ihrem Eigentum. Die Haushalte mit 3 und mehr Personen teilen sich wie folgt auf: 14,33% der Haushalte werden von 3 Personen bewohnt, 4 Personen leben in 12,30% der Haushalte und 5,97% der Befragten leben in 5- und Mehr-Personenhaushalten. Hier wird deutlich, dass es sich bei den Befragten nur bei jedem 8. Haushalt um einen *klassischen* 4-Personen-Haushalt handelt. Eine Studie des Forschungsinstituts *empirica* im Auftrag der LBS aus dem Jahr 2008 bestätigt diese Ergebnisse insoweit, als die Bevölkerung in Deutschland zwar tendenziell abnimmt, die Anzahl der Haushalte aber noch stetig steigt. Dieses liegt insbesondere an der steigenden Anzahl von 1- und 2-Personen-Haushalten.

3.2.2 Alter der im Haushalt lebenden Personen

Wie alt sind die Personen, die das Eigentum bewohnen? Die Fragestellung dient der Bewertung des Bedarfs bzw. der Anforderungen an den Wohnraum.

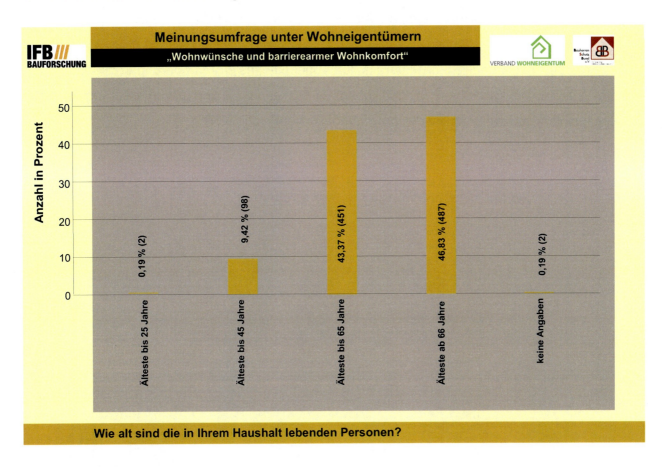

Die Auswertung der Frage nach dem Alter des jeweils Ältesten im Haushalt ergab, dass lediglich in etwa 10% der Haushalte der älteste Bewohner jünger als 45 Jahre ist. In rund 43% der befragten Haushalte ist der älteste Bewohner zwischen 45 – 65 Jahre alt. Älter als 66 Jahre ist der älteste Bewohner in 47%, also fast der Hälfte der Haushalte. Viele der insbesondere älteren Eigentümer sind schon seit mehreren Jahrzehnten im Besitz Ihres Eigentums.

Stellt man den Zusammenhang zur Frage unter Ziffer 3.1.6 nach dem Zeitraum des Bewohnens der Immobilie her, ist deutlich erkennbar, dass bei der überwiegenden Zahl der von den Befragten bewohnten Immobilien noch kein Generationenwechsel stattgefunden hat. Mehr als 60% der Befragten bewohnen die Immobilie seit mehr als 20 Jahren und sind mit ca. 47% bereits älter als 66 Jahre, mit ca. 90% älter als 45 Jahre.

Im Dezember 2005 waren nach den Ergebnissen der zweijährlich durchgeführten "Pflegestatistik" (Statistisches Bundesamt, 2008) 2,13 Millionen Menschen in Deutschland pflegebedürftig im Sinne des Pflegeversicherungsgesetzes, das sind ca. 2,6% der Gesamtbevölkerung von rund 82 Millionen Einwohnern. Die Mehrheit (82%) der Betroffenen war 65 Jahre und älter; ein Drittel (33%) 85 Jahre und älter. Mit zunehmendem Alter steigt laut Statistik die Pflegequote. Während bei den 70- bis unter 75-Jährigen „nur" jeder Zwanzigste (5%) pflegebedürftig war, lag der Anteil der Pflegebedürftigen bei den Menschen ab einem Alter von 90 Jahren bei 60%.

Dieses Ergebnis macht deutlich, dass bereits kurz- und mittelfristig Veränderungen hinsichtlich der Anforderungen an die Wohnung und das Wohnumfeld zu erwarten sind bzw. Anpassungen bereits notwendig sind, wenn die Bewohner in ihrer Immobilie verbleiben wollen.

3.2.3 Personen mit Einschränkungen in Ihrem Haushalt

Die Fragestellung zu Personen mit Behinderungen, Einschränkungen und dem Grad der Behinderung (GdB) dient der Bewertung des Bedarfs bzw. der Anforderungen an den Wohnraum.

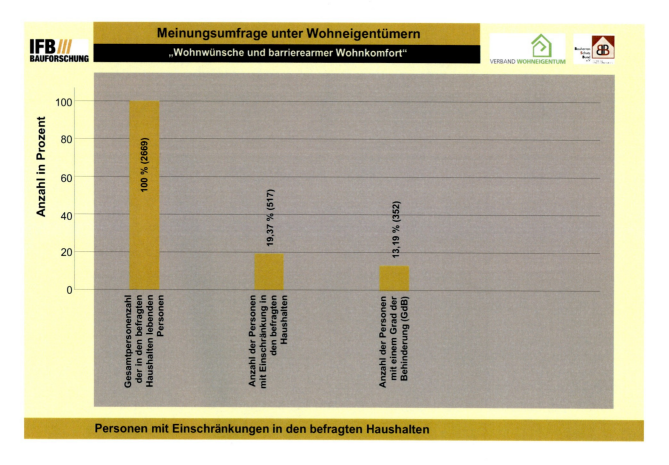

Zur Frage nach Personen mit Einschränkungen machten von 1.040 befragten Haushalten 749 Haushalte Angaben. In den 1.040 befragten Haushalten leben insgesamt 2.669 Personen. Davon leben 517 Personen mit Einschränkungen (20% der Gesamtpersonenzahl) in den befragten Haus-

halten. Bei 352 der Personen mit Einschränkungen wurde ein Grad der Behinderung (GdB, der zwischen 20 und 100, in 10er-Schritten, variieren kann) festgestellt. Dies ist bei ca. 13% der Gesamtpersonenzahl der teilnehmenden Haushalte der Fall. Die festgestellte große Anzahl der in den befragten Haushalten lebenden Personen mit Einschränkungen verdeutlichen sowohl die Brisanz als auch das Potenzial des Themas *Barrierearmer Wohnkomfort*. Dieser kann eine Chance sein, sowohl älteren, als auch Personen mit Einschränkungen das selbstbestimmte Leben und die Selbstständigkeit in den eigenen 4 Wänden zu erleichtern und ein langes Verbleiben in der eigenen Wohnung zu ermöglichen.

3.2.4 Art der Einschränkungen

Bei der Frage nach der Art der Einschränkung waren Mehrfachnennungen möglich, d. h., die befragten Personen sind z. T. mehrfach eingeschränkt, wie es erfahrungsgemäß bei überwiegend älteren Menschen der Fall ist. Die Auswertung ergab, dass bei fast 62% (von insgesamt 517 Personen mit Einschränkungen) die Bewegung eingeschränkt ist. Etwa 14% der Befragten gaben ein vermindertes Sehvermögen an. Rund 19% besitzen ein eingeschränktes Hörvermögen. Etwa 5% der Befragten gaben an, dass eine Person mit Einschränkung der geistigen Fähigkeiten (i.d.R. sogenannter Demenzerkrankungen) im Haushalt lebt.

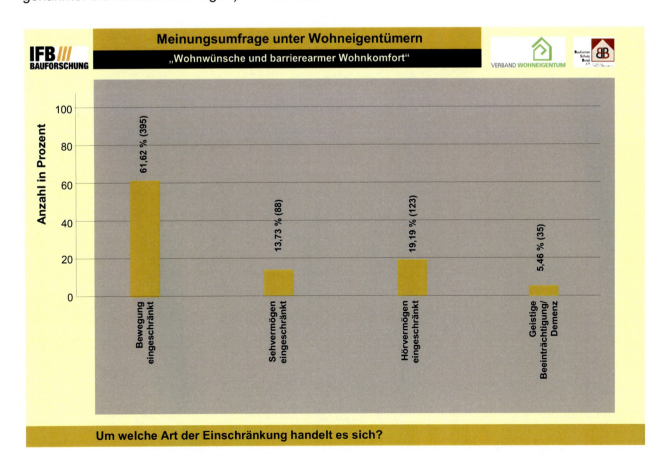

Die Ergebnisse der Befragung zeigen, dass die überwiegende Anzahl (fast 95%) der befragten Personen körperlich eingeschränkt ist (hinsichtlich Bewegung, Seh- oder Hörvermögen) und zumindest ein Teil (zusätzlich) mit geistigen Einschränkungen lebt. Diese Erkenntnis ist insbesondere für Beratungs- und Planungsleistende sowie die Anbieter von Hilfsmitteln wesentlich, um für diese Personen maßgeschneiderte Lösungen für deren Immobilie und das zugehörige Wohnumfeld anbieten zu können.

Bei allein körperlichen Einschränkungen können bauliche Anpassungsmaßnahmen zur Verbesserung der Mobilität zielführend sein, z. B. die Anpassung von Bewegungsflächen und Türbreiten oder die Ausstattung mit Sondermobiliar. Geistige Einschränkungen der Bewohner, die allein oder zusätzlich zu körperlichen Einschränkungen vorhanden sind, machen i.d.R. spezielle Ausstattungen erforderlich, z. B. besondere Markierungen und Ausstattungen zur Orientierung, Wiedererkennung, Beruhigung, Absicherung etc. Insofern stellt jede bereits vorhandene Einschränkung die Berater und Planer vor eine neue Aufgabe. Auch wenn die Industrie durch Hilfsmittel und Ausstattungsangebote bereits ein breites Spektrum bietet, ist die Planung und Erstellung eines den individuellen Anforderungen angepassten Wohnraums und -umfelds jeweils eine Einzellösung, die selten übertragbar ist.

3.3 Wahrnehmung / Relevanz des Themas Barrierefreiheit

3.3.1 Thema Barrierefreiheit

Die Fragestellung zur Wahrnehmung des Themenkomplexes *Barrierefreiheit und Barrierearmut* dient der Evaluierung von Informationsquellen und Informationswegen.

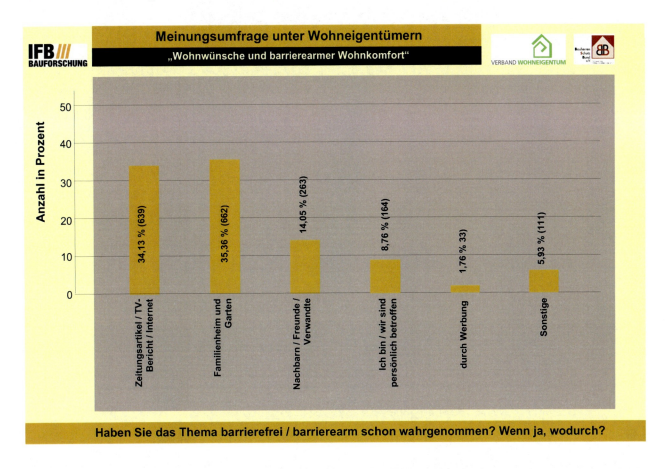

Bei dieser Frage war es möglich, mehrere Quellen anzugeben. Insgesamt gab es auf die Frage zur Wahrnehmung des Themenkomplexes *Barrierefreiheit und Barrierearmut* 1.872 Antworten von 1.040 befragten Haushalten. Etwa 1/3 der Befragten (34,13%) hat Informationen zum Thema über die Presse erhalten, ca. 35% als Verbandsmitglieder aus der Zeitschrift *Familienheim und Garten*. Persönliche Kontakte bei denen Informationen von Nachbarn, Freunden oder Verwandten gesammelt werden konnten, hatten ca. 14%. Die Motivation bzw. der Bedarf, sich aufgrund eigener Betroffenheit zu informieren, gaben 8,76% der Befragten an. Lediglich rund 1,7% wurden durch Werbung unterschiedlicher Art (z. B. Firmenwerbung) über das Thema informiert. Etwa 6% gaben *andere* Quellen an. Die Antworten haben gezeigt, dass die Medien (ohne zwischen Print- und anderen Medien zu unterscheiden) bzw. persönliche Erfahrungen die größte Rolle bei der Informationsverbreitung spielen. Firmenwerbung spielt bei der Informationsbeschaffung offensichtlich eine untergeordnete Rolle.

3.3.2 Relevanz des barrierearmen Wohnens

Barrierearmes Wohnen ist für die Befragten aus unterschiedlichen Gründen wichtig. Relevant ist diese Fragestellung für den derzeitigen bzw. sich zukünftig verändernden Bedarf bzw. die Anforderungen an den Wohnraum.

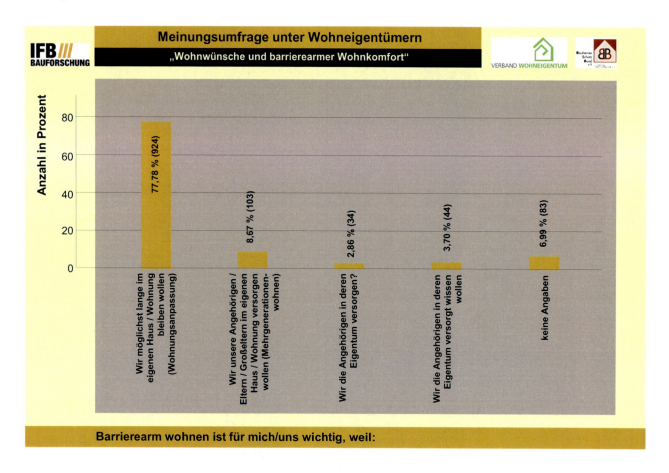

Das Ergebnis zeigt, dass der Verbleib im Eigentum, also ein selbstbestimmtes Leben in den eigenen vier Wänden solange dies möglich ist, für mehr als 3/4 der Befragten (ca. 78%) wichtig ist; für dieses Ziel kommen mittelfristig Wohnanpassungen in Frage. Für etwa jeden achten Befragten (8,67%) ist oder wird das Thema des barrierearmen Wohnens wegen erforderlicher oder geplanter Versorgung bzw. Pflege von Angehörigen relevant.

Vergleicht man dieses Ergebnis mit den Daten der Destatis-Pflegestatistik 2008 des Statistischen Bundesamtes, bei der mehr als zwei Drittel (68%) der 2,13 Millionen Pflegebedürftigen im Dezember 2005 in Deutschland zu Hause versorgt wurden, stimmt das Ergebnis der Befragung mit der Größenordnung der statistischen Zahlen überein: Die Mehrzahl der Pflegebedürftigen (ca. 1,45 Millionen) wird und möchte langfristig im eigenen Haus verbleiben und bei Bedarf dort gepflegt werden (mit und ohne professionelle Unterstützung durch ambulante Pflegedienste). Dies zeigt deutlich den Bedarf im Hinblick auf entsprechende Ausstattungen und bauliche Gegebenheiten.

3.4 Anpassung / Maßnahmen am Gebäude

3.4.1 Wohnungs- / Gebäudeanpassung

Inwieweit sind Anpassungen der Wohnung bzw. des Gebäudes von den Befragten geplant bzw. bereits durchgeführt worden?

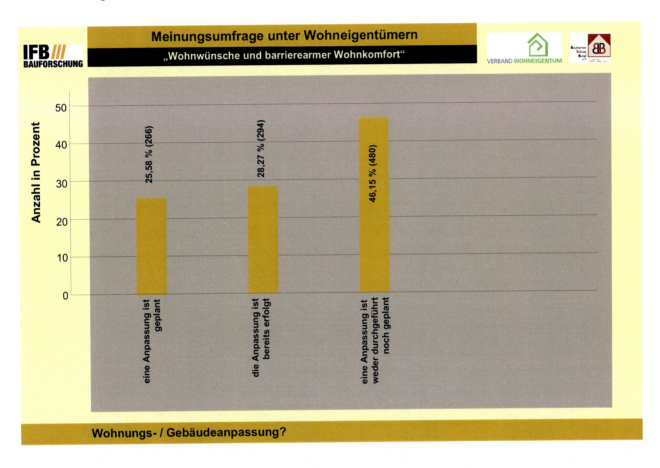

Mehr als 1/4 der Befragten (ca. 26%) haben Maßnahmen zur Wohnungs-/Gebäudeanpassung geplant bzw. planen diese. Es ist davon auszugehen, dass, wenn derartige Maßnahmen geplant werden, eine kurzfristige (innerhalb eines Jahres) bis mittelfristige Umsetzung (zwischen 1 und 4 Jahren) angedacht ist. Maßnahmen zur Wohnungs-/Gebäudeanpassung durchgeführt haben bereits ca. 28% der Befragten, also etwa ein Viertel der befragten Personen.

Rund 46%, demnach fast die Hälfte, der Befragten haben Anpassungen zur Barrierereduzierung ihres Eigentums bislang weder durchgeführt noch geplant, was insbesondere vor dem Hintergrund der Befragungsergebnisse zur Bewohnerstruktur und den zugehörigen Anforderungen deutlich macht, dass ein Bedarf vorhanden und bereits als solcher erkannt wird. Die Möglichkeiten, die damit verbundenen Maßnahmen im eigenen Haus umzusetzen, sind jedoch nicht bekannt bzw. werden nicht als Umsetzungsmöglichkeit bewertet. Insofern ist festzustellen, dass den Eigentümern offensichtlich unabhängige und fundierte Informationen über die Möglichkeiten zur barrierearmen Anpassung, insbesondere auch die Chance, diese im Zuge anderer Modernisierungsmaßnahmen durchzuführen, fehlen. Hier ist ein erhebliches Potenzial für unabhängige, kompetente Fachberater, Planer und im Weiteren für alle am Bau Beteiligten festzustellen, dass es nicht zuletzt vor dem demografischen Hintergrund und im Rahmen der nachhaltigen Modernisierung des Wohngebäudebestandes mit seriösen Mitteln zu erschließen gilt.

3.4.2 Umgestaltung der Möblierung und Raumnutzung

Die Fragestellung bezog sich auf eine mögliche Planung von einfachen Umgestaltungen in den Wohnräumen, speziell das Umstellen von Möbeln bzw. veränderte Raumnutzungen. Die Umgestaltung der Möblierung und Raumnutzung ist eine einfache Maßnahme, Räume barrierearm und z. T. sogar barrierefrei zu gestalten. Hierzu ist keine umfangreiche Planung nötig, sondern vielmehr die durchdachte und bedarfsgerechte Nutzung vorhandener Stärken bzw. die intelligente Minimierung vorhandener Schwächen der Immobilie. Aufwand und Kosten für diese Maßnahmen bewegen sich in der Regel in einem überschaubaren Rahmen.

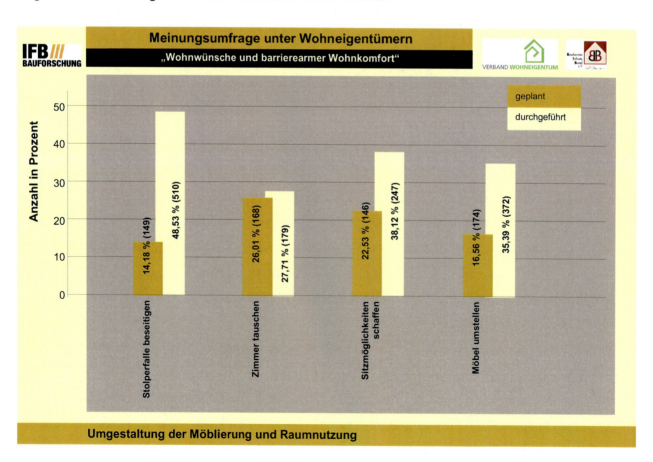

Ein Großteil der Befragten hat Maßnahmen zur Umgestaltung der Möblierung und Raumnutzung bereits durchgeführt. Dies wird insbesondere bei den Angaben zur Beseitigung von Stolperfallen (fast 49%), der Schaffung von Sitzmöglichkeiten (ca. 38%) und dem Umstellen von Mobiliar (ca. 35%) deutlich. In diesen Maßnahmen, die in aller Regel kostenfrei durchgeführt werden können, ist ein erhebliches Potenzial für Erleichterungen bzw. Verbesserungen im Alltag betroffener Personen vorhanden. Zwischen 14 und 26% der Befragten planen geringinvestive Maßnahmen zur Wohnungs-/Gebäudeanpassung kurz- bis mittelfristig, insofern zwischen 1 und 4 Jahren. Dabei liegt der Schwerpunkt beim geplanten Tauschen von Wohnräumen (etwa 26%) sowie dem Schaffen von Sitzmöglichkeiten (ca. 23%).

Dieser Teil der Umfrage zeigt, dass fast 3/4 der Befragten bereits die Anforderungen und Ziele mit konkreten Maßnahmenplanungen verbindet oder diese bereits umgesetzt hat. Die Erfahrungen aus der Beratungspraxis des Instituts für Bauforschung e. V. zeigen, dass die Umgestaltung der Möblierung und Raumnutzung oft nicht als Maßnahme zur barrierefreien Gestaltung angesehen wird, diese jedoch sehr häufig in Eigeninitiative geplant und durchgeführt wird. Erfahrungen aus dem Umfeld spielen dabei eine wesentliche Rolle.

3.4.3 Nachrüstung mit technischen Hilfsmitteln

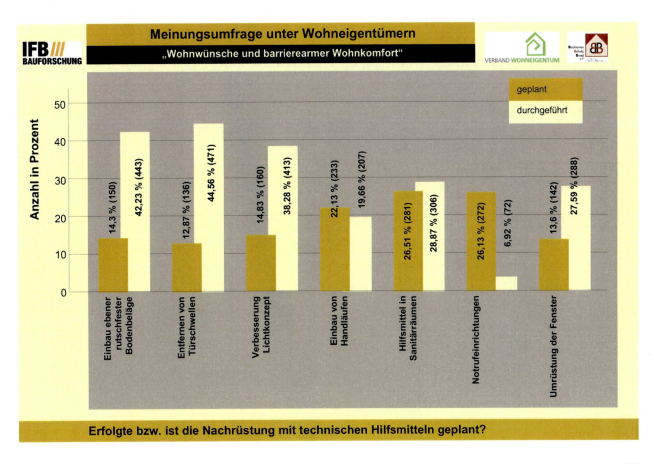

Ist die Ausstattung bzw. Nachrüstung der Wohnräume mit technischen Hilfsmitteln geplant oder bereits erfolgt? Falls dies der Fall ist, wie werden bzw. wurden diese durchgeführt? Maßnahmen, die in dieser Frage genannt sind, dienen beispielhaft dazu, mit geringem bis mittlerem Aufwand eine barrierearme Nutzung der Wohnung bzw. des Wohnhauses zu ermöglichen bzw. diese vorzubereiten und bei Bedarf durch entsprechende Nachrüstmaßnahmen oder Hilfsmittel herzustellen. Ziel dieser Maßnahmen ist die Erleichterung des täglichen Lebens, ohne auf fremde Hilfe angewiesen zu sein oder, sofern diese nötig wird, diese möglich zu machen oder zu erleichtern. Dies erfolgt in der Regel mit technischen Hilfsmitteln, ohne größere bauliche Maßnahmen.

Die Auswertung der Antworten zu dieser Frage ergab, dass derartige Maßnahmen häufig bereits durchgeführt wurden bzw. geplant sind: Rund 57% der Befragten haben Türschwellen bereits entfernt oder dies geplant. Den Einbau rutschfester Bodenbeläge haben insgesamt ca. 56% geplant bzw. durchgeführt. Das Lichtkonzept verbessern wollen oder haben insgesamt etwa 53% der befragten Haushalte. Der Einbau von Notrufeinrichtungen hat bei der Umfrage den geringsten Status (insgesamt ca. 33%).

Grundsätzlich ist festzustellen, dass die Umsetzungsrate der Maßnahmen zur Nachrüstung mit technischen Hilfsmitteln vergleichsweise groß ist. Der Nutzen solcher Maßnahmen ist im Vergleich zum Aufwand relativ hoch, die ursprüngliche Wohnstruktur bleibt dabei erhalten.

3.4.4 Veränderungen der Wohnungsausstattung und -organisation mit Umbaumaßnahmen

Sind Veränderungen der Wohnungsausstattung und -organisation (mit baulichen Maßnahmen) geplant oder erfolgten diese bereits? Wenn das der Fall ist, was wird bzw. wurde umgebaut?

Diese Wohnungsanpassungsmaßnahmen sind mit erheblichem Aufwand verbunden und greifen i.d.R. in die Wohnstruktur ein, sie erfordern überwiegend eine detaillierte Planung und Durchführung von Ausbau- und Umbauarbeiten. Die Wohnstruktur wird auf diese Weise an die individuellen Bedürfnisse der Bewohner angepasst. Das Ziel solcher Maßnahmen ist das Schaffen oder das Aufrechterhalten eines selbstbestimmten und selbständigen Lebens für die Bewohner. Die Maßnahmen sollen zum Einen die täglichen Dinge des Lebens insoweit erleichtern, dass ein möglichst langfristiges Verbleiben des Bewohners im Eigentum sichergestellt wird und / oder eine fachgerechte und professionelle Pflege möglich ist.

Die Auswertungen zu dieser Frage haben gezeigt, dass auch in diesem Bereich schon verschiedene Maßnahmen erfolgt bzw. geplant sind: Die Verbreiterung von Türen (ca. 42%), die Herstellung eines barrierefreien Zugangs (ca. 37%), der Umbau / die Anpassung der Sanitärräume (etwa 51%) waren die am häufigsten genannten Maßnahmen. Die Erfahrungen aus der Beratungspraxis des Instituts für Bauforschung e. V. bestätigen diese Häufigkeit. Obwohl diese Maßnahmen oft mit Grundrissveränderungen einhergehen, planerisch und konstruktiv aufwändig und daher kostenintensiv sind, werden sie als zielführende und sinnvolle Maßnahmen bewertet und häufig durchgeführt. Hier spielen erfahrungsgemäß positive Referenzobjekte im Umfeld eine grundlegende Rolle.

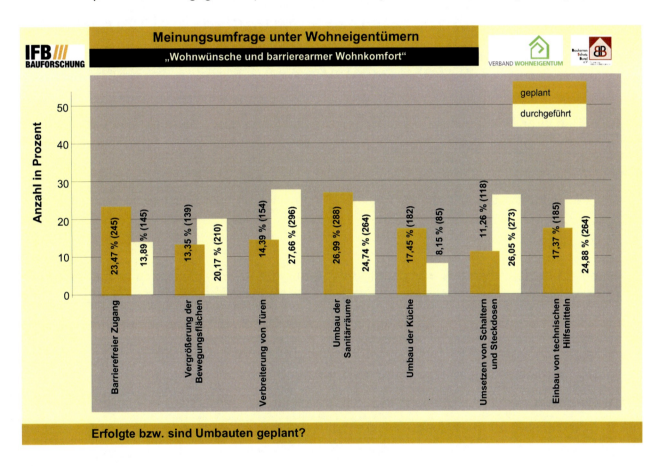

Hervorzuheben ist der im Verhältnis zum „Planzustand" erfreulich hohe Umsetzungsgrad dieser Maßnahmen insbesondere in den Bereichen Türverbreiterung, Vergrößerung der Bewegungsflächen, Umsetzen der elektrischen Bedienelemente und Einbau von technischen Hilfsmitteln, der nach den Erfahrungen der Verfasser vor allem auf das engagierte Handeln des Handwerks zurückzuführen ist. Handwerker haben oft einen persönlichen Zugang zu den Bewohnern durch Wartungs- oder Instandhaltungstätigkeiten in der Immobilie und kennen deren Bedürfnisse. So werden nicht selten ohnehin erforderliche Maßnahmen zu kombinierten oder weiterführenden Tätigkeiten (auch in Netzwerken) genutzt. Eine Planung oder Beratung wird hierfür i.d.R. nicht beauftragt.

3.5 Kosten

3.5.1 Kosten / Kostenplanung

Die Auswertung der Befragung zu den Kosten zeigt auf, dass von 1.040 Befragten 560 (53,85%) eine Anpassung ihrer Wohnung bzw. ihres Wohngebäudes geplant oder durchgeführt haben. Jedoch wurden keine auswertbaren Angaben zu den Kosten der einzelnen durchgeführten bzw. geplanten Maßnahmen gemacht. Gründe hierfür könnten u. a. mangelndes Verständnis der Fragestellung bzw. die Ablehnung der Beantwortung wegen eines vermeintlich zu hohen Aufwandes für die Beantwortung der Frage sein.

Von den 560 Haushalten, die Maßnahmen geplant oder durchgeführt haben, hatten 99 Haushalte (17,67%) Bedarf an Fremdmitteln / Finanzierungsbedarf (ganz oder teilweise), dies bedeutet, das nur etwa jeder fünfte Haushalt Maßnahmen zur Schaffung eines barrierearmen Wohnraums bzw. Wohnumfeldes ganz oder teilweise mit Fremdmitteln / Krediten finanziert bzw. finanziert hat. Der Großteil der Befragten setzt für die Maßnahmen Eigenmittel ein oder passt seine Wohnung in Eigenleistung an.

Erfahrungen aus der Arbeit des Instituts für Bauforschung e. V. zur Inanspruchnahme von Krediten bei energetischen Modernisierungen bestätigen dies: Der Kredit-Anteil für derartige Maßnahmen unter den Eigentümern der genannten Altersstruktur ist in der Regel relativ gering. Dabei ist der Anteil der Personen, deren Kreditantrag von den Banken aus Altersgründen abgelehnt wird, verschwindend gering, wobei zu berücksichtigen ist, dass kaum Anträge gestellt werden. Vielmehr haben ältere Eigentümer überwiegend das Ziel, eine finanziell unbelastete Immobilie zu besitzen und den Nachfahren zu übergeben. Diesem Grundsatz werden nicht selten eigene Ansprüchen und Bedürfnisse untergeordnet. Diese Einstellung wird zudem häufig auf die Beantragung von Fördermitteln übertragen.

3.5.2 Förderung

Haben Sie Fördermittel beantragt bzw. erhalten?

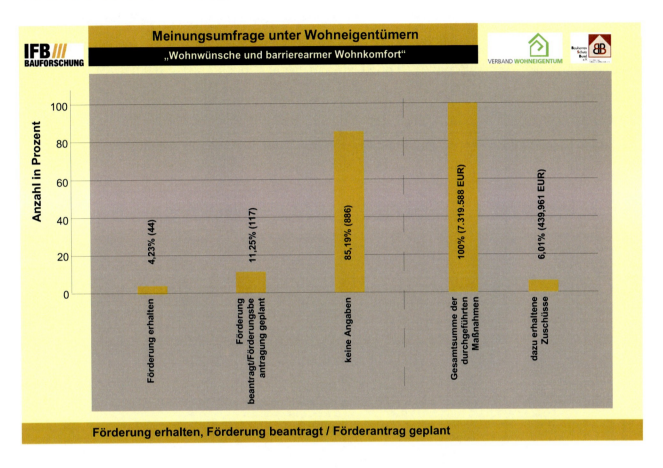

Von 1.040 befragten Haushalten haben 886 (85%) keine Angaben zu Fördermitteln (z. B. verbilligte KfW-Darlehen) gemacht. 4,23% der Befragten haben Fördermittel erhalten, 11,25% der Befragten haben Fördermittel beantragt bzw. eine Beantragung von Fördermitteln für ihre Maßnahme geplant.

Die Summe der Kosten für alle bereits durchgeführten Maßnahmen wurde von den befragten Haushalten mit insgesamt 7.319.588,00 € angegeben. Gleichzeitig gaben diese Befragten an, Zuschüsse in einer Gesamthöhe von insgesamt 439.961,00 € erhalten zu haben. Dieses entspräche rechnerisch einer Förderquote von 6,1%. In Ansehung der vielfach zu den Kostenfragestellungen nicht vollständig ausgefüllten Fragebögen ist der ermittelte Zahlenwert nur als bedingt aussagekräftig anzusehen. Gleichwohl lässt die vergleichsweise geringe Förderhöhe, wie unter Ziffer 3.5.1 ausgeführt, auf eine entsprechende persönliche Einstellung sowie zu geringe Kenntnis über die Fördermöglichkeiten derartiger Maßnahmen unter den Befragten schließen. Dies ist eindeutig als große Chance für den Bereich der unabhängigen Beratung und Information zu bewerten und sollte entsprechend genutzt werden.

3.5.3 Hemmnisse für eine barrierearme Anpassung

Welche Hemmnisse werden von den Befragten genannt, die einer barrierearmen bzw. barrierefreien Anpassung entgegenstehen? Aus Sicht der Befragten sind die Gründe vielfältig, warum eine Anpassung aus Sicht der Eigentümer nicht möglich ist. Es wurden allgemeine, technische / bauliche und finanzielle Gründe genannt. Jedoch ist festzustellen, dass es sich bei den Gründen nicht ausschließlich um finanzielle Gründe handelt. Es werden auch allgemeine bauliche Gründe genannt, was sowohl auf eigener (Fehl-) Einschätzung beruhen kann als auch die Vermutung zulässt, dass bereits Informationen eingeholt wurden bzw. (Vor-)Planungen erfolgt sind.

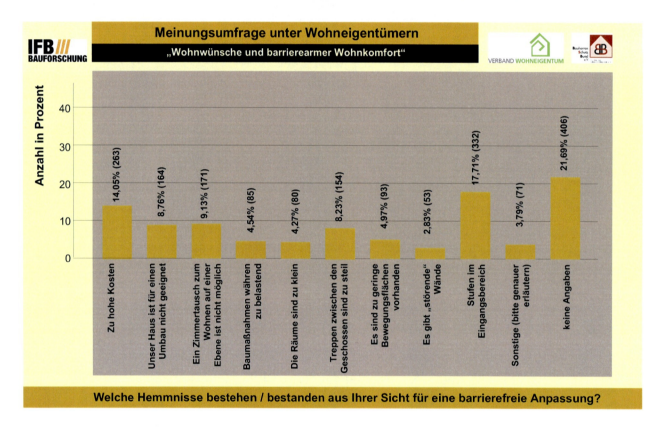

Schwerpunkte, die als Hemmnisse einer barrierefreien Anpassung bewertet wurden, sind konstruktive Barrieren, wie z. B. zu überwindende Stufen im Eingangsbereich (ca. 17%) und als zu steil bewertete Treppen zwischen Geschossebenen (ca. 8%) sowie finanzielle Hemmnisse, wie z. B. allgemein zu hohe Kosten für die Maßnahmen (ca. 14%). Inwieweit für diese Bewertung bereits Informationen oder Beratungen in Anspruch genommen wurden bzw. bereits planerische Leistungen durchgeführt wurden, ist nicht bekannt. Die Praxiserfahrungen des Instituts für Bauforschung e. V. belegen jedoch, dass nicht selten Überlegungen, Konzepte und Planungen von vornherein abgelehnt werden, weil vermeintliche Hemmnisse vorhanden sind, die mit verhältnismäßigen Mitteln nicht beseitigt werden könnten. Auch hier ist die Relevanz von unabhängiger Beratung und Information erheblich.

3.6 Wohnwünsche

3.6.1 Art der Wohnwünsche

Die Fragestellung nach den Wohnwünschen der Eigentümer dient der Evaluierung der spezifischen Anforderungen und des Bedarfs.

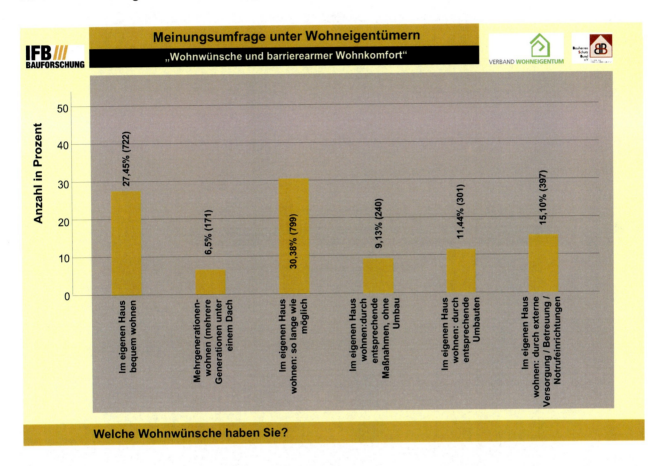

Die wichtigsten Wohnwünsche der Befragten sind: das bequeme Wohnen im eigenen Haus (etwa 27%) und das möglichst lange Verbleiben in diesem Haus (ca. 30%). Eine Vielzahl der Befragten sind dafür bereit, das eigene Haus nachzurüsten (ca. 9%) oder umzubauen (ca. 11%). Insofern ist zusammenfassend festzustellen, dass insgesamt ca. 20% der befragten Personen offen sind für technische bzw. bauliche Anpassungen mit den zugehörigen Investitionen, was wiederum die große Bedeutung von unabhängiger Fachinformation und -beratung zeigt. Ca. 15% der Befragten würden mit externer, professioneller Hilfe im eigenen Haus wohnen bleiben. Am wenigsten wichtig ist für die Befragten das Thema Mehrgenerationenwohnen (ca. 6%).

Eine ähnliche Tendenz findet sich in den Ergebnissen einer Studie des Forschungsinstituts *empirica* aus dem Jahr 2007 (im Auftrag der LBS), die feststellte, dass derzeit eine Entwicklung am deutschen Wohnungsmarkt dahingehend stattfindet, dass sich etwa 2/3 der 31 Mio. über 50-Jährigen vorstellen können, ihre Wohnsituation in Vorbereitung ihres Lebensabends noch einmal zu verändern. Dies war in den früheren Generationen in sehr viel geringerem Maße der Fall. Insbesondere Mieter suchen ein neues Zuhause, um Ihre Bedürfnisse zu erfüllen: Sie ziehen oft in ein kleineres Haus oder eine Wohnung in der Innenstadt mit Aufzug und fakultativer Betreuung um. Eigentümer dagegen optimieren ihr Bestandsgebäude. Und zwar nicht nur energetisch, sondern zunehmend auch zur Erhöhung der Lebensqualität. Eindeutiges Ergebnis auch der vorliegenden Studie ist: Priorität hat eine möglichst lange Unabhängigkeit.

3.6.2 Vorstellbare Maßnahmen

Die Fragestellung nach den für die Befragten vorstellbaren Maßnahmen dient der Evaluierung der Anforderungen und individuellen Bedürfnisse.

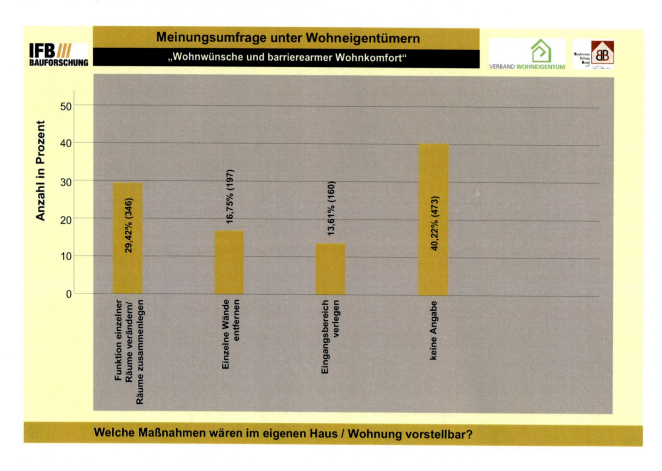

Wiederum vor dem Hintergrund des so lange wie möglich selbstbestimmten Lebens im eigenen Haus sind für die Befragten auch größere Maßnahmen vorstellbar: Fast 1/3 der Befragten ist bereit, die Funktion einzelner Räume zu verändern, um das Ziel zu erreichen. Etwa 17% der Befragten würden dafür einzelne Wände entfernen, um Bewegungsflächen zu vergrößern, ca. 13% der Befragten wären bereit, den Eingangsbereich zu verlegen.

Rund 40% der Befragten haben zu dieser Frage keine Angaben gemacht. Demgegenüber stehen fast 60%, die in derartigen Maßnahmen, die z. T. stark in die Wohnstruktur eingreifen, Möglichkeiten sehen, im eigenen Haus wohnen zu bleiben.

3.6.3 Umzug

Falls es erforderlich sein sollte, in welche Art von Wohnraum bzw. in welche Wohnform würden Sie umziehen?

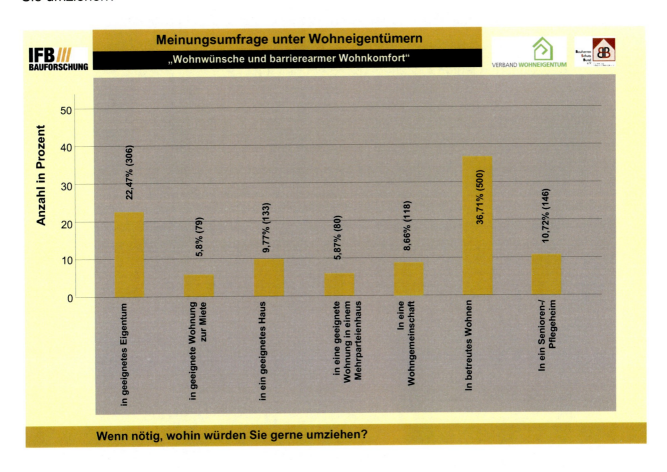

Möglichst lange bevor die Notwendigkeit eintritt, ist es für die Betroffenen an der Zeit zu entscheiden, wohin sie im Fall von Einschränkungen oder im Alter umziehen möchten, wenn das gewünschte Leben trotz Umbau bzw. Anpassung nicht mehr möglich ist oder doch kein Umbau erfolgen soll. Fast 37% der Befragten wünschen sich, wenn nötig, in Anlagen mit betreutem Wohnen umzuziehen. Ca. 9% können sich das Leben in einer Wohngemeinschaft vorstellen, ein Anteil, der sich in den letzten 10 Jahren etwa verzehnfacht hat. Etwa 11% der Befragten könnten sich vorstellen, wenn nötig, in ein Senioren- oder Pflegeheim umzuziehen.

Die Auswertung zeigt deutlich, dass sich auch in diesem Bereich Ansprüche geändert haben und ändern. Ansprüche, Aktivitäten, Ziele und Bedürfnisse von Menschen wandeln sich, insbesondere von Personen die der Altersstruktur der Befragten angehören. Anlagen mit betreutem Wohnen, in gewissem Umfang auch Wohngemeinschaften und weitere Wohnformen des gemeinschaftlichen Wohnens, gewinnen zunehmend an Bedeutung. Aber auch das bedarfsgerechte Wohnen in Pflegeeinrichtungen oder zu Hause in Kombination mit professioneller Unterstützung kann die Ansprüche und Bedürfnisse hinreichend erfüllen. Letztere wurden, abweichend von den vorliegenden Umzugswünschen, gemäß der Statistik des statistischen Bundesamtes als überwiegende Wohnform in Deutschland ermittelt. Demnach lebten in Deutschland im Jahr 2005 (laut Statistischem Bundesamt) insgesamt rund 16,3 Mio. Menschen im Alter von 65 Jahren und älter, über 2 Mio. waren pflegebedürftig im Sinne des Pflegeversicherungsgesetzes. Der überwiegende Teil der Älteren, so auch die meisten Pflegebedürftigen (rund 70%) wohnten laut Studie „zu Hause". Nur 30% der Pflegebedürftigen lebten in stationären Pflegeheimen.

In der deutschen Wohnungswirtschaft wird derzeit ein so genannter „Bedarfswandel" bei den Wohnbedürfnissen diskutiert, auf den alle Beteiligten reagieren müssten. Der demographische und soziale Wandel verlangen nach einer marktgerechten Anpassung des Wohnungsbestandes. Für den selbstnutzenden Wohneigentümer bedeutet dies zunächst, den Wohnkomfort an seine eigenen Bedürfnisse anzupassen. Im Weiteren kann durch Barrierenreduzierung eine Wertsteigerung des Hauses erreicht werden, sofern es dann künftigen Ansprüchen insgesamt besser genügt.

3.7 Information

3.7.1 Informationsbedarf und -quellen

Wurden bzw. werden von Ihnen vor den Maßnahmen Informationen benötigt? Wenn dies der Fall ist, wo erhalten Sie Informationen?

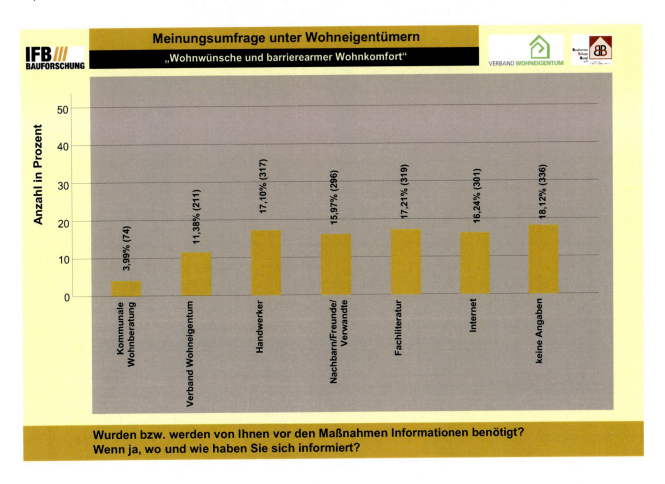

Die Befragung hat gezeigt, dass die Medien eine wichtige Informationsquelle zum Thema darstellen (ca. 44%), wobei das Internet mit rund 16% bereits fast den gleichen Stellenwert hat, wie die Fachliteratur. Vor der Historie der Informationsverbreitung ist insofern festzustellen, dass die „neuen Medien" zunehmend an Einfluss gewinnen (werden). Dazu zählt nicht nur allein das Internet, sondern auch die „sozialen Medien", die sogenannten *Social Networks*.

Rund 17% der Befragten informieren sich bei Handwerkern, fast 16% der Befragten bei Nachbarn, Freunden, Verwandten, ca. 11% im Verband Wohneigentum. Das Vertrauen in persönliche Kontakte, Referenzen und solide Handwerkskunst ist ungebrochen. Ähnlich sind auch die Praxiserfahrungen des Instituts für Bauforschung e. V. Die kommunale Wohnberatung hat laut Umfrage dagegen einen geringen Stellenwert (ca. 4%).

3.7.2 Benötigte Hilfe und Unterstützung

In welchen Bereichen ist für Sie Hilfe und Unterstützung notwendig? Die Fragestellung bezog sich schwerpunktmäßig auf neutrale, objektive Information zu fachlichen und finanziellen Kriterien.

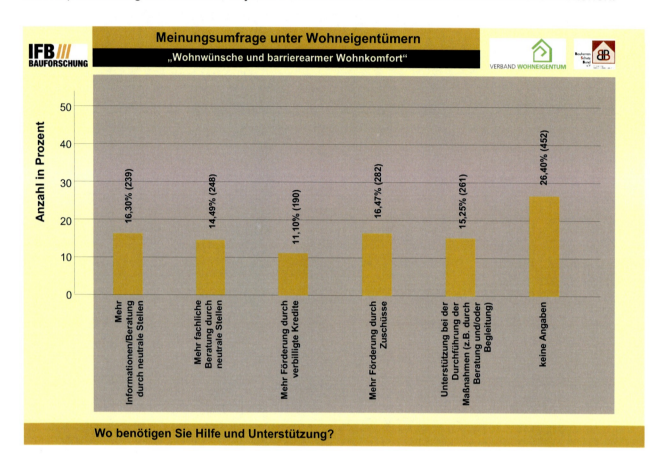

Hier wird deutlich, dass Information und Beratung einen höheren Stellenwert für die Befragten haben als Zuschüsse (ca. 16%) und verbilligte Kredite (ca. 11%). Fachlicher Rat für die Machbarkeit, Planung und Durchführung zielführender Maßnahmen sind den Befragten wichtig. Die Befragten wollen von neutralen, fachlich kompetenten Personen und Institutionen beraten und unterstützt werden. Neben der technischen Beratung, die hier insbesondere abgefragt wurde, ist nicht zuletzt auch die neutrale Hilfe und Unterstützung bei den Möglichkeiten der finanziellen Förderung wichtig, um die passenden Möglichkeiten zu recherchieren und den zeitaufwändigen und derzeit häufig bürokratischen Aufwand zu minimieren.

Die Angaben zeigen deutlich, dass ein Ausbau bzw. die Anpassung der Beratung und Information dringend notwendig ist. Neben den fachlichen Inhalten der Beratung und Information spielen dabei auch die Erfahrung und fachübergreifende Kompetenz der beratenden Person eine wesentliche Rolle, um die Eigentümer zu motivieren.

4 Zusammenfassung der Ergebnisse

Ergebnis der Gemeinschaftsuntersuchung ist eine umfassende Darstellung des Meinungsbildes der Eigentümer von selbstgenutztem Wohneigentum zum Themenkomplex Wohnwünsche mit dem Schwerpunkt barrierearmes Wohnen. Insbesondere die Motive, die Interessenlage, das Engagement, der Informations- und Beratungsbedarf, aber auch Konfliktsituationen von Wohneigentümern wurden betrachtet und bewertet.

Die Auswertung der Befragung hat gezeigt, dass die überwiegende Zahl der befragten 1040 Personen sich mit dem Thema beschäftigt hat. Die Anzahl der geplanten und bereits durchgeführten Maßnahmen belegt dies. Dabei spielen offensichtlich körperliche Einschränkungen der befragten Wohneigentümer, vorhandene Haushalts- und Gebäudestrukturen, aber auch das durchschnittliche Alter der Bewohner im Zusammenhang mit genauen Vorstellungen vom zukünftigen Wohnen eine wesentliche Rolle und sind insofern Motiv und Motivation zugleich.

Der Wunsch, so lange wie möglich in der eigenen, vertrauten Umgebung wohnen und leben zu wollen, betrifft nicht nur die eigenen vier Wände, sondern auch das soziale Umfeld. Aus der Erfahrung des Verbands Wohneigentum e. V. und des Bauherren-Schutzbund e. V. geben Nachbarschaften, die in Jahren oder Jahrzehnten, in denen die meisten Befragten bereits das Eigentum bewohnen, gewachsen sind, Sicherheit. Gegenseitige Hilfe und Unterstützung sind Normalität. Ergänzend wird aber auch das Einkaufen externer Serviceleistungen in Erwägung gezogen.

Die vorliegende Studie zeigt, dass zum Teil entsprechende Maßnahmen in Form von technischen und baulichen Anpassungen am und im Gebäude bereits geplant oder durchgeführt wurden. Sie zeigt auch, dass erforderliche Kosten für notwendige Maßnahmen fast ausschließlich aus Eigenmitteln finanziert werden. Kredit- oder Fördermittel, sofern dies angegeben wurde, werden selten in Anspruch genommen. Dies deckt sich mit den Erfahrungen aus der Beratungstätigkeit des IFB der letzten 5 Jahre im Bereich von energetischen oder kombinierten Modernisierungen an Bestandsgebäuden.

Zusammenfassend ist festzustellen, dass die Befragten in Abhängigkeit von Bedarf und Motiv interessiert, informiert und engagiert sind, in vielen Fällen jedoch die (finanziellen, beratungs- und fördertechnischen sowie baulichen) Möglichkeiten noch nicht ausschöpfen und damit umfangreiche Chancen noch nicht nutzen. Insbesondere Verbraucherorganisationen sind an dieser Stelle gefordert. Insofern muss der Schwerpunkt der verbraucherorientierten Tätigkeit in den Bereichen:

- aktuelle unabhängige Information (nutzbare Medien mit Effekt)

- kompetente und fachübergreifende Beratung
    - verständliches „Mitnehmen" der Eigentümer
    - Wohnberatung, beginnend beim Aufzeigen einfacher, nicht baulicher Maßnahmen
    - Aufzeigen von Möglichkeiten und Grenzen baulicher und technischer Möglichkeiten
    - Aufzeigen von Kombinationen baulicher Möglichkeiten (z. B. mit Maßnahmen zur energetischen Modernisierung) mit dem Ziel eines nachhaltigen Ergebnisses
    - Aufzeigen und realistisches Prüfen von Chancen zu finanzieller Unterstützung und Fördermitteln
- Betreuung und Begleitung mit Kompetenz, Verständnis und Transparenz
- Nachbereitung und Nutzungsinformationen
- sinnvolles Einbeziehen von Fachkollegen

liegen und entsprechend diesen Erfordernissen vertieft und erweitert werden.

Um das Ziel der Eigentümer zu erreichen, so lange wie möglich im selbst genutzten Wohneigentum bleiben zu können, müssen über die Verbraucherorganisationen hinaus verschiedene Beteiligte mit einbezogen werden, von den Eigentümern selbst, über die Politik, die Länder und Kommunen bis hin zu den Planern und den ausführenden Handwerkern. Für die Weiterentwicklung geeigneter Wohnformen können aus der Situation im Bestand, der einen Anpassungsbedarf aufweist, auch Maßnahmen für künftigen Neubau abgeleitet werden.

Auf der Grundlage der vorliegenden Erkenntnisse sind folgende grundsätzliche Handlungsempfehlungen abzuleiten:

- Schaffung günstiger Rahmenbedingungen für Investitionen in „barrierenreduzierende Maßnahmen" durch Bund und Länder
- Verbesserung der Förderbedingungen in Form von Zuschüssen
- stärkeres Einbeziehen der Pflegekassen und Kommunen in die Beratung und in die Umsetzung von entsprechenden Maßnahmen
- Förderung innovativer Technologien
- Ausbau von Beratungsnetzwerken, auch unter Einbeziehung der Architekten- und Ingenieurkammern und des Handwerks
- Sicherstellen der Neutralität der Beratung
- „Barrierefrei-Maßnahmen" als Standard in die Planung von Wohnungsneubau integrieren
- Barrierenreduzierung als Standard bei Modernisierungsmaßnahmen integrieren
- intensivere Nutzung der Beratungsangebote zu Umsetzungs-, Finanzierungs- und Fördermöglichkeiten von Anpassungsmaßnahmen durch die Eigentümer

Das gesellschaftliche Ziel muss sein, insbesondere die bestehenden Gebäude so anzupassen, dass sie dem gegenwärtigen und zukünftigen Bedarf gerecht werden.

Die Verfasser
Institut für Bauforschung e. V.,
Hannover, 23.02.2010

ANZEIGE

Fraunhofer IRB Verlag
Der Fachverlag zum Planen und Bauen

Fachzeitschrift mit Tradition

Kurzberichte aus der Bauforschung
Building Research Summaries

Bauforscher berichten über die aktuellen Ergebnisse ihrer Projekte. Oft haben sie Erkenntnisse gewonnen, die direkt in die Praxis umsetzbar sind. »Kurzberichte aus der Bauforschung« ist deshalb nicht nur für Forscher von Interesse, sondern auch für Praktiker aus Planung und Ausführung, die ihre Wettbewerbsfähigkeit pflegen wollen.

Kurznachrichten über laufende Bauforschungsvorhaben und Porträts von Forschungseinrichtungen und -förderern ergänzen die Kurzberichte und machen die Zeitschrift zum zentralen Medium für die Bauforschung – übrigens schon im 52. Jahrgang. Der Schwerpunkt liegt im deutschsprachigen Raum. Es werden aber auch Forschungsergebnisse aus anderen europäischen Staaten aufgenommen.

Unsere Partner:
- Bundesministerium für Verkehr, Bau und Stadtentwicklung BMVBS
- Bundesinstitut für Bau-, Stadt- und Raumforschung (BBSR) im Bundesamt für Bauwesen und Raumordnung (BBR)
- Deutsches Institut für Bautechnik DIBt
- Deutscher Beton- und Bautechnik-Verein E.V. DBV
- Deutscher Ausschuss für Stahlbeton DAfStb

Internationale Partner:
- International Council for Research and Innovation in Building and Construction CIB
- Building Research Establishment BRE [UK]
- Centre Scientifique et Technique du Bâtiment CSTB [FR]
- Bundesministerium für Wirtschaftliche Angelegenheiten in Österreich

Bestellung: Fax 0711 970-2508 oder -2507

Kurzberichte aus der Bauforschung
Building Research Summaries
Hrsg.: Fraunhofer-Informationszentrum Raum und Bau IRB, Stuttgart
2011 | ISSN 0177-3550 | Fraunhofer IRB Verlag

☐ **Jahresabonnement** [sechs Ausgaben] € 80,50 [CHF 127,–] zzgl. Versandkosten Inland € 7,20 | Ausland € 12,–
☐ **Kennenlern-Abonnement** [drei Hefte zum Preis von zwei] € 30,– [CHF 50,50] zzgl. Versandkosten Inland € 3,60 | Ausland € 6,–
  Wenn ich an der Lieferung weiterer Ausgaben »Kurzberichte aus der Bauforschung« nicht interessiert bin, teile ich dies dem Fraunhofer IRB Verlag spätestens innerhalb einer Woche nach Erhalt der 3. Ausgabe mit. Andernfalls beginnt das reguläre Abonnement mit der nächsten Ausgabe zum Jahrespreis von € 80,50 [inkl. MwSt. zzgl. Versandkosten].
☐ **Einzelheft** _____ € 15,– [CHF 26,80] zzgl. Versandkosten Inland € 1,20 | Ausland € 2,–
☐ **Kostenloses Probeexemplar**

Mir ist bekannt, dass ich diese Bestellung innerhalb von zwei Wochen bei dem Fraunhofer IRB Verlag, Postfach 80 04 69, 70504 Stuttgart schriftlich widerrufen kann. Zur Wahrung der Frist genügt die rechtzeitige Absendung des Widerrufs.

Fraunhofer IRB Verlag
Fraunhofer-Informationszentrum
Raum und Bau
Postfach 80 04 69
70504 Stuttgart

Absender ....
E-Mail ....
Straße/Postfach ....
PLZ/Ort ....
Datum/Unterschrift ....

Fraunhofer IRB Verlag • Postfach 80 04 69 • 70504 Stuttgart • Tel. 0711/970-2500 • Fax 0711/970-2508 • irb@irb.fraunhofer.de • www.baufachinformation.de

ANZEIGE

Fraunhofer IRB Verlag
Der Fachverlag zum Planen und Bauen

Bauforschung für die Praxis

☐ **Modernisierungsempfehlungen im Rahmen der Ausstellung eines Energieausweises**
G. Hauser, M. Ettrich, M. Hoppe
Band 96: 2010, 200 S., zahlr. Abb., Kart.
ISBN 978-3-8167-8333-6 | € 40,– [CHF 64,–]

☐ **Ein- und Zweifamilienhäuser im Lebens- und Nutzungszyklus**
R. Weeber, L. Küchel, D. Baumann, H. Weeber
Band 95: 2010, 121 S., zahlr. Abb., Kart.
ISBN 978-3-8167-8309-1 | € 33,– [CHF 55,50]

☐ **Wohnformen für Hilfebedürftige**
Jutta Kirchhoff, Bernd Jacobs
Band 94: 2010, 121 S., zahlr. Abb., Kart.
ISBN 978-3-8167-8222-3 | € 33,– [CHF 55,50]

☐ **Entwicklung von alternativen Finanzierungsmöglichkeiten für mittelständische Bauunternehmen**
E. W. Marsch, C. Hoffmann, K. Wischhof
Band 93: 2010, 100 S., 64 Abb., Kart.
ISBN 978-3-8167-8225-4 | € 31,– [CHF 52,–]

☐ **Rückbau von Wohngebäuden unter bewohnten Bedingungen - Erschließung von Einsparpotentialen**
B. Janorschke, B. Rebel, U. Palzer
Band 92: 2010, 146 S., zahlr. Abb., Kart.
ISBN 978-3-8167-8186-8 | € 32,– [CHF 54,–]

☐ **Smart Home für ältere Menschen**
Sibylle Meyer, Eva Schulze
Band 91: 2010, 94 S., zahlr. Abb. u. Tab., Kart.
ISBN 978-3-8167-8136-3 | € 33,– [CHF 55,50]

☐ **WohnwertBarometer**
L. Dammaschk, S. El khouli, M. Keller, u.a.
Band 90: 2010, 172 S., zahlr. Abb. u. Tab., Kart.
ISBN 978-3-8167-8135-6 | € 50,– [CHF 79,–]

☐ **Nachträgliche Abdichtung von Wohngebäuden gegen drückendes Grundwasser unter Verwendung von textilbewehrtem Beton**
Wolfgang Brameshuber, Rebecca Mott
Band 89: 2009, 78 S., zahlr. Abb., Kart.
ISBN 978-3-8167-8024-3 | € 32,– [CHF 54,–]

☐ **Sanierung von drei kleinen Wohngebäuden in Hofheim**
Hrsg.: Institut Wohnen und Umwelt GmbH IWU
Band 88: 2009, 175 S., zahlr. Abb. u. Tab., Kart.
ISBN 978-3-8167-7935-3 | € 40,– [CHF 64,–]

☐ **Kritische Schnittstellen bei Eigenleistungen**
R. Oswald, S. Sous, R. Abel, M. Zöller, J. Kottjé
Band 87: 2008, 62 S., zahlr. Abb. u. Tab., Kart.
ISBN 978-3-8167-7814-1 | € 22,– [CHF 38,–]

☐ **elife**
Hrsg.: Manfred Hegger
Band 86: 2008, 303 S., zahlr. Abb. u. Tab., Kart.
ISBN 978-3-8167-7615-4 | € 46,– [CHF 72,50]

☐ **Biomasseheizungen für Wohngebäude mit mehr als 1.000 qm Gesamtnutzfläche**
Claus-Dieter Clausnitzer
Band 85: 2008, 161 S., zahlr. Abb. u. Tab., Kart.
ISBN 978-3-8167-7614-7 | € 40,– [CHF 64,–]

☐ **Schimmelpilzbefall bei hochwärmegedämmten Neu- und Altbauten**
Rainer Oswald, Geraldine Liebert, Ralf Spilker
Band 84: 2008, 90 S., zahlr. Abb. u. Tab., Kart.
ISBN 978-3-8167-7613-0 | € 31,– [CHF 52,–]

☐ **Zuverlässigkeit von Flachdachabdichtungen aus Kunststoff- und Elastomerbahnen**
Rainer Oswald, Ralf Spilker, Geraldine Liebert, Silke Sous, Matthias Zöller
Band 83: 2008, 342 S., zahlr. Abb. u. Tab., Kart.
ISBN 978-3-8167-7612-3 | € 50,– [CHF 79,–]

☐ **Attraktive Stadtquartiere für das Leben im Alter**
G. Steffen, D. Baumann, A. Fritz
Band 82: 2007, 120 S., zahlr. Abb. u. Tab., Kart.
ISBN 978-3-8167-7418-1 | € 30,– [CHF 50,50]

☐ **Barrierearm – Realisierung eines neuen Begriffes**
S. Edinger, H. Lerch, C. Lentze
Band 81: 2007, 192 S., zahlr. Abb. u. Tab., Kart.
ISBN 978-3-8167-7409-9 | € 50,– [CHF 79,–]

☐ **Weiße Wannen – hochwertig genutzt**
Rainer Oswald, Klaus Wilmes, Johannes Kottjé
Band 80: 2007, 72 S., zahlr. Abb. u. Tab., Kart.
ISBN 978-3-8167-7344-3 | € 29,– [CHF 48,90]

☐ **Planung plus Ausführung?**
Hannes Weeber, Simone Bosch
Band 79: 2006, 142 S., zahlr. Abb. u. Tab., Kart.
ISBN 978-3-8167-7247-7 | € 32,– [CHF 54,–]

☐ **Wohnen mit Assistenz**
Gabriele Steffen, Antje Fritz
Band 78: 2006, 240 S., zahlr. Abb. u. Tab., Kart.
ISBN 978-3-8167-7129-6 | € 40,– [CHF 64,–]

☐ **Prognoseverfahren zum biologischen Befall durch Algen, Pilze und Flechten an Bauteiloberflächen auf Basis bauphysikalischer und mikrobieller Untersuchungen**
C. Fritz, W. Hofbauer, K. Sedlbauer, M. Krus, u.a.
Band 77: 2006, 304 S., zahlr. Abb. u. Tab., Kart.
ISBN 978-3-8167-7102-9 | € 50,– [CHF 79,–]

☐ **Eigenkapital im Baugewerbe**
Wolfgang Jaedicke, Jürgen Veser
Band 76: 2006, 94 S., zahlr. Tab., Kart.
ISBN 978-3-8167-7100-5 | € 25,– [CHF 42,90]

☐ **Feuchtepufferwirkung von Innenraumbekleidungen aus Holz oder Holzwerkstoffen**
H.M. Künzel, A. Holm, K. Sedlbauer, u.a.
Band 75: 2006, 55 S., zahlr. Abb. u. Tab., Kart.
ISBN 978-3-8167-7094-7 | € 20,– [CHF 34,90]

☐ **Wärmebrückenkatalog für Modernisierungs- und Sanierungsmaßnahmen zur Vermeidung von Schimmelpilzen**
Horst Stiegel, Gerd Hauser
Band 74: 2006, 184 S., zahlr. Abb. u. Tab., Kart.
ISBN 978-3-8167-6922-4 | € 35,– [CHF 59,–]

☐ **Entwicklung technischer und wirtschaftlicher Konzepte zur Konservierung von leer stehenden Altbauten**
Tobias Jacobs, Jens Töpper
Band 73: 2006, 70 S., zahlr. Abb. u. Tab., Kart.
ISBN 978-3-8167-6921-7 | € 25,– [CHF 42,90]

☐ **Kurzverfahren Energieprofil**
T. Loga, N. Diefenbach, J. Knissel, R. Born
Band 72: 2005, 160 S., zahlr. Abb. u. Tab., Kart.
ISBN 978-3-8167-6911-8 | € 35,– [CHF 59,–]

Alle Bände der Reihe auch zum Download
www.irb.fraunhofer.de/bauforschung
→ Produkte

Bestellung: Fax 0711 970-2508 oder -2507

Fraunhofer IRB Verlag
Fraunhofer-Informationszentrum
Raum und Bau IRB
Postfach 80 04 69
70504 Stuttgart

Absender ....

E-Mail ....

Straße/Postfach ....

PLZ/Ort ....

Datum/Unterschrift ....

Fraunhofer IRB Verlag • Postfach 800469 • 70504 Stuttgart • Tel. 0711/970-2500 • Fax 0711/970-2508 • irb@irb.fraunhofer.de • www.baufachinformation.de

ANZEIGE

Fraunhofer IRB Verlag
Der Fachverlag zum Planen und Bauen

☐ **Unternehmenskooperationen und Bauteam-Modelle für den Bau kostengünstiger Einfamilienhäuser**
Hannes Weeber, Simone Bosch
Band 71: 2005, 145 S., zahlr. Abb., Kart.
ISBN 978-3-8167-6894-4 | € 35,– [CHF 59,–]

☐ **Technischer Leitfaden Plattenbau**
E. Künzel, J. Blume-Wittig, M. Kott, C. Ost
Band 70: 2004, 200 S., zahlr. Abb., Tab., Kart.
ISBN 978-3-8167-6678-0 | € 49,– [CHF 77,50]

☐ **Untersuchung und Verbesserung der kontrollierten Außenluftzuführung über Außenwand-Luftdurchlässe unter besonderer Berücksichtigung der thermischen Behaglichkeit in Wohnräumen**
D. Markfort, E. Heinz, K. Maschewski, u.a.
Band 69: 2005, 186 S., zahlr. Abb., Tab., Kart.
ISBN 978-3-8167-6635-3 | € 45,– [CHF 71,–]

☐ **Anwendung der Passivtechnologie im sozialen Wohnbau**
H. Schöberl, S. Hutter, T. Bednar, u. a.
Band 68: 2005, 203 S., zahlr. Abb., Tab., Kart.
ISBN 978-3-8167-6634-6 | € 45,– [CHF 71,–]

☐ **Bewertung von dezentralen, raumweisen Lüftungsgeräten für Wohngebäude sowie Bestimmung von Aufwandszahlen für die Wärmeübergabe im Raum infolge Sanierungsmaßnahmen**
W. Richter, T. Ender, R. Gritzki, T. Hartmann
Band 67: 2005, 152 S., zahlr. Abb., Tab., Kart.
ISBN 978-3-8167-6631-5 | € 40,– [CHF 64,–]

☐ **Schimmelpilzbildung bei Dachüberständen und an Holzkonstruktionen**
S. Winter, D. Schmidt, H. Schopbach
Band 66: 2004, 135 S., zahlr. farbige Abb., Kart.
ISBN 978-3-8167-6483-0 | € 38,– [CHF 62,–]

☐ **Schwachstellen beim Kostengünstigen Bauen**
Rainer Oswald, Johannes Kottjé, Silke Sous
Band 65: 2004, 114 S., zahlr. Abb., Tab., Kart.
ISBN 978-3-8167-6471-7 | € 38,– [CHF 62,–]

☐ **Nachhaltig gute Wohnqualität – Beispielhafte Einfamilienhäuser in verdichteter Bebauung**
Hannes Weeber, Simone Bosch
Band 64: 2004, 220 S., zahlr.Abb., Kart.
ISBN 978-3-8167-6445-8 | € 54,– [CHF 88,50]

☐ **Einfluss des Nutzerverhaltens auf den Energieverbrauch in Niedrigenergie- und Passivhäusern**
W. Richter, T. Ender, T. Hartmann, u.a.
Band 63: 2003, 127 S., zahlr. Abb., Tab., Kart.
ISBN 978-3-8167-6345-1 | € 38,– [CHF 62,–]

☐ **Baukostensenkung durch Anwendung innovativer Wettbewerbsmodelle**
Udo Blecken, Lothar Boenert
Band 62: 2003, 350 S., zahlr. Abb., Tab., Kart.
ISBN 978-3-8167-6338-3 | € 54,– [CHF 85,50]

☐ **Flachdachsanierung über durchfeuchteter Dämmschicht**
Ralf Spilker
Band 61: 2003, 260 S., zahlr. farb. Abb., Kart.
ISBN 978-3-8167-6183-9 | € 49,– [CHF 77,50]

☐ **Bauqualität – Verfahrensqualität und Produktqualität bei Projekten des Wohnungsbaus**
Hannes Weeber, Simone Bosch
Band 60: 2003, 170 S., Abb., Tab., Kart.
ISBN 978-3-8167-4259-3 | € 49,– [CHF 77,50]

☐ **Brandschutzkosten im Wohnungsbau**
Karl Deters
Band 59: 2002, 245 S., zahlr. Abb., Tab., Kart.
ISBN 978-3-8167-4258-6 | € 54,– [CHF 85,50]

☐ **Gemeinschaftliches Wohnen im Alter**
R. Weeber, G. Wölfle, V. Rösner
Band 58: 2001, 175 S., zahlr. Abb., Tab., Kart.
ISBN 978-3-8167-4257-9 | € 49,80 [CHF 78,50]

☐ **Entwicklung eines Bewertungssystems für ökonomisches und ökologisches Bauen und gesundes Wohnen**
C.J. Diederichs, P. Getto, S. Streck
Band 57: 2003, 230 S., zahlr. Abb., Tab., Kart., mit CD-ROM
ISBN 978-3-8167-4256-2 | € 54,– [CHF 85,50]

☐ **Vergabeverfahren und Baukosten**
Hannes Weeber, Simone Bosch
Band 56: 2001, 192 S., zahlr. Abb. u. Tab., Kart.
ISBN 978-3-8167-4255-5 | € 54,– [CHF 85,50]

☐ **Konzepte für die praxisorientierte Instandhaltungsplanung im Wohnungsbau**
Ralf Spilker, Rainer Oswald
Band 55: 2000, 71 S., 5 Abb., zahlr. Tab., Kart.
ISBN 978-3-8167-4254-8 | € 24,80 [CHF 42,60]

☐ **Bewährung innen wärmegedämmter Fachwerkbauten**
R. Lamers, D. Rosenzweig, R. Abel
Band 54: 2000, 173 S., 123 Abb., Kart.
ISBN 978-3-8167-4253-1 | € 27,– [CHF 45,90]

☐ **Überprüfbarkeit und Nachbesserbarkeit von Bauteilen – untersucht am Beispiel der genutzten Flachdächer**
Rainer Oswald, Ralf Spilker, Klaus Wilmes
Band 53: 1999, 133 S., 49 Abb., 4 Tab., Kart.
ISBN 978-3-8167-4252-4 | € 39,80 [CHF 64,–]

☐ **Balkone – kostengünstig und funktionsgerecht**
Hannes Weeber, Margit Lindner
Band 51: 1999, 146 S., 102 Abb., 26 Tab., Kart.
ISBN 978-3-8167-4250-0 | € 39,80 [CHF 64,–]

☐ **Kostenfaktor Erschließungsanlagen**
Hannes Weeber, Michael Rees
Band 50: 1999, 226 S., 107 Abb., 15 Tab., Kart.
ISBN 978-3-8167-4249-4 | € 54,– [CHF 85,50]

☐ **Kosteneinsparung durch Bauzeitverkürzung**
Barbara Bredenbals, Heinz Hullmann
Band 48: 1999, 174 S., 38 Abb., 36 Tab., Kart.
ISBN 978-3-8167-4247-0 | € 39,80 [CHF 64,–]

☐ **Sicherung des baulichen Holzschutzes**
Horst Schulze
Band 45: 1998, 168 S., Abb., Tab., Kart.
ISBN 978-3-8167-4244-9 | € 24,80 [CHF 42,60]

☐ **Ausschreibungshilfen für recyclinggerechte Wohnbauten**
Barbara Bredenbals, Wolfgang Willkomm
Band 41: 1998, 172 S., 28 Abb., Kart.
ISBN 978-3-8167-4240-1 | € 24,80 [CHF 42,60]

Kostenlose Zusendung von:
☐ Newsletter Bauforschung [4 Ausgaben pro Jahr]   ☐ per Post   ☐ per E-Mail
☐ Informationen über Neuerscheinungen

Bestellung: Fax 0711 970-2508 oder -2507

Fraunhofer IRB Verlag
Fraunhofer-Informationszentrum
Raum und Bau IRB
Postfach 80 04 69
70504 Stuttgart

Absender ....
E-Mail ....
Straße/Postfach ....
PLZ/Ort ....
Datum/Unterschrift ....

Fraunhofer IRB Verlag • Postfach 80 04 69 • 70504 Stuttgart • Tel. 0711/970-2500 • Fax 0711/970-2508 • irb@irb.fraunhofer.de • www.baufachinformation.de

Bauforschungsportal

www.irb.fraunhofer.de/bauforschung

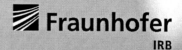

Das Portal **Bauforschung** unterstützt die Umsetzung der Bauforschungsergebnisse in die Praxis, fördert den Ergebnisaustausch zwischen den Forschern und hilft dabei, doppelte Forschungsansätze zu vermeiden.

Zielgruppen sind neben Wissenschaftlern in erster Linie Bau- und Planungspraktiker, die bei der Umsetzung ihrer Aufgaben neueste Erkenntnisse einsetzen wollen. Da das Fraunhofer IRB über einen großen Fundus an Bauforschungsergebnissen verfügt, der weit in die Vergangenheit reicht, können sich die Nutzer auch über den Stand der Technik früherer Jahre informieren.

Wichtige Förderinstitutionen der Bauforschung im deutschsprachigen Raum sorgen schon seit Jahrzehnten dafür, dass sowohl eine Projektbeschreibung bei Beginn des Forschungsvorhabens als auch der Abschlussbericht nach Beendigung der Forschungsarbeit dem Fraunhofer IRB zur Verfügung gestellt wird.

Hinzu kamen und kommen Institutionen, Forschungsinstitute und Forscher, die ihre Forschungsergebnisse zur Verfügung stellen, weil sie an einer Verbreitung ihrer Erkenntnisse interessiert sind.

Forschungsberichte und Dissertationen, Bücher, Aufsätze und Zeitschriftenaufsätze, die sich mit Bauforschung bzw. Forschungsergebnissen beschäftigen sowie Hinweise auf laufende und abgeschlossene Forschungsprojekte.

Weitere Informationen:
Fraunhofer-Informationszentrum Raum und Bau IRB
Nobelstraße 12 | 70569 Stuttgart
Tel. 0711 970-2500 | Fax 0711 970-2507
www.irb.fraunhofer.de/bauforschung
irb@irb.fraunhofer.de

Ansprechpartnerin:
Ursula Schreck-Offermann | Tel. 0711 970-2551 | so@irb.fraunhofer.de